Patrizia Nanz / Claus Leggewie

Die Konsultative

Patrizia Nanz
Claus Leggewie

Die Konsultative

Mehr Demokratie durch Bürgerbeteiligung

Verlag Klaus Wagenbach Berlin

Wagenbachs Taschenbuch 749
Originalausgabe

Politik bei Wagenbach Herausgegeben von Patrizia Nanz

www.wagenbach.de
Umschlaggestaltung/Reihenkonzept: Julie August
Gesetzt aus der Meridien und der Imago
Illustration auf den Seiten 54/55: Christoph J Kellner
Vorsatzpapier von peyer graphic, Leonberg. Gedruckt auf chlor- und säurefreiem Papier (Schleipen) bei Pustet, Regensburg.

ISBN: 978 3 8031 2749 5

Inhalt

Für die Kinder und Kindeskinder, nicht nur die je eigenen

Einleitung

Die Konsultative als vierte Gewalt
Verfahren, Politikmodus, Institution

Manche erinnern sich, für andere ist es schon Geschichtsunterricht: In den 1970er Jahren erhob sich energischer Protest gegen den Bau von Atomkraftwerken in Deutschland, Frankreich und an anderen Orten in Europa und Nordamerika. Hunderttausende gingen zum Beispiel im südbadischen Wyhl auf die Straße, bis 1977 ein Gericht den Bau des dort geplanten Atomkraftwerks untersagte. Der *Spiegel* kommentierte das mit der bemerkenswerten Schlagzeile »Bürgerproteste – die vierte Gewalt« und notierte: »Mit einem Paukenschlag kam ins öffentliche Bewusstsein, was sich im regionalen Bereich, in ungezählten Widerstands- und Propaganda-Aktionen seit Jahren anbahnt, aber erst durch die Anti-Atom-Bewegung bundesdeutsche Dimension gewonnen hat: der zunehmende Einfluß der Bürgerinitiativen auf die Entscheidungsabläufe von Politik, Verwaltung und Wirtschaft.«[1]

Vierte Gewalt? Den Titel verlieh sich bis dahin gern die Presse selbst, wo immer sie einer Affäre, einem Skandal, einem Staatsgeheimnis auf die Schliche gekommen war und damit erledigte, was eigentlich Aufgabe der Parlamente und Gerichte gewesen wäre: die Kontrolle der Mächtigen. Dieser Ehrentitel wurde nun dem außerparlamentarisch auftretenden Souverän verliehen: dem Volk selbst in Gestalt seiner damals aufblühenden Bürgerinitiativen. Die Proteste der 1970er und 1980er Jahre, die als Zeiten einer »Beteiligungsrevolution«[2] in Erinnerung sind, errangen Teilerfolge gegen die zivile Nutzung der Kernenergie. So musste ein Ministerpräsident einräumen, eine Wiederaufbereitung von Atomabfällen in Gorleben sei »politisch nicht durchsetzbar«

(Niedersachsens Ernst Albrecht/CDU). Ein anderer, Franz Josef Strauß (CSU), als außerordentlich durchsetzungsstark bekannt, musste vom Bau einer Wiederaufbereitungsanlage im oberpfälzischen Wackersdorf ablassen. Ironischerweise hat einer seiner Nachfolger als bayerischer Ministerpräsident, Horst Seehofer (CSU), den Streckenverlauf einer überirdischen Stromtrasse, die vom deutschen Netzentwicklungsplan ganz in der Nähe von Wackersdorf vorgesehen war, jüngst auch mit Blick auf mögliche Bürgerproteste stark korrigiert.[3]

Üblicherweise spricht man von drei Gewalten in der Politik: Legislative, Exekutive und Judikative. Ihre Trennung und Arbeitsteilung sind tragende Säulen der modernen Demokratie. Diese horizontale Gewaltenteilung wird vertikal noch durch Elemente wie den Föderalismus der Länder ergänzt, aber in der politischen Praxis durch eine wechselseitige Verschränkung der Gewalten relativiert. Wenn etwa Richter und Staatsanwälte durch die Exekutive eingesetzt (oder gegängelt) werden, wertet man das als Verstoß gegen das Generalprinzip der Gewaltenteilung, ebenso wenn Regierungsparteien und Ministerialbürokratie allzu eng, gelegentlich symbiotisch zusammenarbeiten. Darüber hinaus existieren faktische Nebengewalten wie Bundesbanken und Geheimdienste und natürlich europäische Institutionen, die sich als Über- und Nebenregierungen betätigen.

Das Prinzip der Gewaltenteilung soll im Kern den Missbrauch staatlicher Macht durch wechselseitige Kontrolle verhindern.[4] »Le pouvoir arrête le pouvoir«, dekretierte der Aufklärungsphilosoph Montesquieu im 18. Jahrhundert in seinem Werk *Vom Geist der Gesetze* (1748). Das inspirierte noch Artikel 20 (2) des deutschen Grundgesetzes: »Alle Staatsgewalt geht vom Volke aus. Sie wird vom Volke in Wahlen und Abstimmungen und durch besondere Organe der Gesetzgebung, der vollziehenden Gewalt und der Rechtsprechung ausgeübt.«[5] In einigen Verfassungen sind die Gewalten noch strikter getrennt, in anderen herrscht der pragmatische Gedanke der »checks and balances« (so der US-amerikanische Gründervater und Präsident Thomas

Madison) oder »fusion« (so der englische Verfassungstheoretiker Walter Bagehot) vor.

Eingebürgert hat sich wie gesagt, die kontrollierende Funktion der Presse als »vierte Gewalt« zu würdigen – was nicht wörtlich zu verstehen ist, denn sonst wäre die Presse eine staatliche Gewalt, die sie ja gerade nicht sein will. Interessenvertreter und Lobbys werden informell als »fünfte Gewalt« bezeichnet,[6] was unzutreffend ist, da sie definitionsgemäß außerstaatliche Gewalten sind, die aber staatliche Institutionen unterlaufen oder manipulieren können.

Wir fordern in diesem Buch die Etablierung einer »vierten Gewalt«: die Konsultative. Dazu soll eine breite und tiefgehende Konsultation der Bürgerschaft dem Gesetzgebungs- und Entscheidungsverfahren vorangestellt und nachgeordnet werden. Wir sind überzeugt, dass eine solche Einbettung positiv auf den oft überfordert wirkenden Politikbetrieb zurückwirkt. Diese Konsultative ist keine neue Außerparlamentarische Opposition (wie seinerzeit in Wyhl) und per se keine Beschränkung der etablierten Gewalten. Vielmehr soll sie die Parlamente stärken, die gerade mächtig unter Druck stehen und an Glaubwürdigkeit und Ansehen verlieren. Und sie soll den staatlichen Bürokratien zeigen, dass ihre sozialen, ökonomischen und kulturellen Projekte nur mit, nicht ohne oder gar gegen die informierten Bürger gelingen können.

Bundestagspräsident Norbert Lammert (CDU) hat jüngst zu Recht davor gewarnt, den Bundestag den Handelsvertrag TTIP zwischen der EU und den USA ratifizieren zu lassen, »dessen Zustandekommen er weder begleiten noch in alternativen Optionen beeinflussen konnte«.[7] Wer einen transatlantischen Handelsraum mit erheblichen Auswirkungen auf Sozial-, Umwelt- und Verbraucherschutzstandards im Geheimen zwischen US-Botschaften und EU-Kommission aushandeln lässt, kann in der Tat keine demokratische Legitimation beanspruchen. Ähnlich wie das Freihandelsabkommen (oder die Kontrolle der Finanzmärkte) ist auch der Umwelt- und Klimaschutz Sache von Exekutive und Experten, darunter von Nichtregierungsorganisationen wie WWF oder Oxfam.

Ob Parlamente noch etwas bedeuten, fragen Politikwissenschaftler seit längerem und suchen nach den Restkompetenzen nationaler Volksvertretungen im Zeitalter der politischen Globalisierung, die von informellen Politik-Netzwerken beherrscht wird.[8] Im politischen Alltag bilden die Exekutiven (also die Ministerialbürokratie unter der Ägide von Kanzleramt und Präsidialverwaltung) mit den Mehrheitsfraktionen eine Handlungseinheit, der die Opposition in der Regel nicht viel entgegenzusetzen hat.

Der Deutsche Bundestag ist bekanntlich ein Arbeits-, kein Redeparlament, große Debatten sind seine Sache nur, wenn es um ethische Fragen von Leben und Tod (wie Abtreibung oder Sterbehilfe) geht, bei denen Abgeordnete ohne Fraktions- und Koalitionsdisziplin »ihrem Gewissen folgen«. Aber auch zum Beispiel der Klimawandel oder die Folgen der Digitalisierung sind Themen von derartiger Bedeutung, denn globaler Klimaschutz und informationelle Selbstbestimmung sind Jahrhundertaufgaben, die mehr erfordern als symbolische Politik im Vorfeld und ein Abnicken (oder Schelte) im Nachhinein. Es mangelt an öffentlicher Erörterung und gründlicher Beratung der öffentlichen Angelegenheiten unter Beteiligung der selbstbewusster gewordenen Bürgergesellschaft.

In Theorien und Experimenten deliberativer Demokratie wird das Element der Beratung seit langem ins Zentrum demokratischer Meinungs- und Willensbildung gerückt, ohne – das ist uns wichtig zu unterstreichen – damit an der Struktur repräsentativer Demokratie zu rütteln. Eine Konsultative, wie wir sie in den folgenden Kapiteln entwickeln wollen, soll also weder die legislative Autonomie von Parlamenten beschränken noch Exekutive und Judikative unangemessen unter Druck setzen. Wir verherrlichen nicht vergangene Zustände, die in Deutschland lange von Obrigkeitsgläubigkeit, Staatsfixierung und Mangel an Zivilcourage gekennzeichnet waren. Dennoch ist die repräsentative Demokratie, um den abgedroschenen Spruch Winston Churchills abzuwandeln, in Flächenstaaten »die beste aller schlechten Regierungsformen« oder, um es positiver auszudrücken: Bei aller berechtigten Kritik an ihren Pannen und Pleiten ist sie grundsätzlich die unübertroffene Form, gesellschaftlichen Willen zu bilden und zu Entscheidungen zu gelangen. Weniger defensiv formuliert: Ohne öffentliche Konsultation wird die repräsentative Demokratie Schaden leiden.

Die Gewaltenteilung war nie ein starres Dogma, eher eine leitende Idee, die sich den Zeitläuften anpasste. Was Volksvertretungen heute gebrauchen können, ist eine in die Zukunft gerichtete Aufklärung der drei Gewalten durch eine Konsultation der Bürgerschaft im umfassenden, institutionalisierten und, wie wir propagieren, obligatorischen Sinne. Die Konsultative zwingt niemanden, aber ihre Berücksichtigung durch Legislative und Exekutive ist zwingend. Das konsultative Gremium hat kein imperatives Mandat wie strenge Formen des Volksentscheids, aber sie ist auch kein unverbindliches Palaver, das man mit dem schönen Schlusswort »Gut, dass wir geredet haben!« zurück in die Ohnmacht entlässt.

Der Begriff »Konsultation« geht zurück auf das lateinische *consulere* (um Rat fragen, beratschlagen, Rat schaffen) beziehungsweise *consultare* (sich reiflich beraten, um Rat fragen). Aus dem Lateinischen *Consultatio* (Beratschlagung, Anfrage) entlehnt war im 16. Jahrhundert das Substantiv »Konsultation«, worunter in der Regel die ärztliche Beratung verstanden wurde. Der historische Bezug zur medizinischen Kunst wurde verallgemeinert in Richtung Expertise durch ausgewiesene Fachleute, derer sich politische Entscheidungseliten über verschiedene Formen der Politikberatung heute zunehmend bedienen. Vor allem der Exekutive steht heute eine Fülle mehr oder weniger unabhängiger Sachverständigenräte zur Seite. Am bekanntesten sind wohl die sogenannten Wirtschaftsweisen oder der Nationale Ethikrat. Es gibt aber auch temporäre Kommissionen, zum Beispiel die Kommission »Lagerung hoch radioaktiver Abfallstoffe gemäß § 3 Standortauswahlgesetz«, also die Endlagerkommission. In ihr sitzen 33 Vertreter der Wissenschaft und gesellschaftlicher Gruppen sowie Mitglieder von Landesregierungen und des Deutschen Bundestages. Analog halten Parlamente

Experten-Anhörungen ab und beauftragen Enquête-Kommissionen, beispielsweise eine zum Thema »Wachstum, Wohlstand, Lebensqualität – Wege zu nachhaltigem Wirtschaften und gesellschaftlichem Fortschritt in der Sozialen Marktwirtschaft«.[9]

Auch bringen Lobbyisten ihren interessegeleiteten Fachverstand in den Gesetzgebungsprozess ein und hebeln damit die Gewaltenteilung regelrecht aus, so etwa bei Gesetzen in der Gesundheitspolitik und namentlich auf der europäischen Ebene. Bundestag und Ministerien räumen damit ein, dass sie in wichtigen, zum Teil lebenswichtigen Fragen selbst nicht genügend Bescheid wissen – und öffnen damit der Durchsetzung partikularer Interessen Tür und Tor. Der Übergang von Politikberatung (die Vorschläge unterbreitet, wie Probleme zu bearbeiten sind) zur Kommunikationsberatung (die anregt, wie Probleme darzustellen und die Entscheidungen politischer Eliten zu vermitteln sind) ist im Übrigen fließend.

Halten wir fest: Beratung ganz unterschiedlicher Provenienz und Intention ist in parlamentarischen Systemen gang und gäbe. Die »Weisheit der Vielen«[10] wird dabei aber selten konsultiert, weil Berufspolitiker, Beamte und Experten in der Regel nicht annehmen, dass größere Einheiten, wenn ihre Mitglieder unabhängig sind und ein Konsens auf gute Weise gefunden wird, klüger sein können als Einzelne und kollektives Wissen für politisches Handeln nützlich ist.

Der Mensch sei ein »ratbedürftiges Wesen«, heißt es bei Wilhelm Hennis,[11] der sich auf die antike Tradition bezieht. In der Polis beriet das Volk »über das, was zu tun ist«, und auch vor- und frühmoderne Parlamente waren Orte der Deliberation, bei denen vernünftige Argumente und stichhaltige Gegenargumente an die Stelle oder Seite des Majoritätsprinzip traten. Heute gilt mit gutem Grund, dass Stimmen nicht gewogen, sondern gezählt werden: Vernünftig ist, was die Mehrheit will.[12] Aber woher bezieht sie ihre Klugheit? Hennis zufolge hat sich Beratung auf den »Bereich des Herstellens und Produzierens« zurückgezogen, sie liefert vornehmlich Rezeptwissen von Experten. Nutznießer dieses Wissens ist aber weniger die Bürgergesellschaft, sondern es sind die Berufspolitiker, die ihnen genehme Expertenmeinungen für ihre Zwecke nutzen (Dezisionismus) oder das Expertenwissen über den demokratisch legitimierten Prozess stellen (Technokratie). Dabei müssen »Sachfragen« (und vermeintlich alternativlose Sachzwänge) stets auch von politischen und moralischen Gesichtspunkten aus betrachtet werden. Selbst eine Entscheidung wie die Festlegung von Schadstoffgrenzwerten in Lebensmitteln enthält implizit fundamentale Werturteile. Expertenwissen kann nur demokratieverträglich gemacht werden in einem wechselseitigen Lernprozess zwischen Politik, Wissenschaft und Gesellschaft. Und hier ist das lokale Wissen gleichrangig.

Der Beratungsprozess muss also dringend repolitisiert werden und den demokratischen Souverän maßgeblich beteiligen. Parallel zur wissenschaftlichen Expertise wird seit den 1970er Jahren und speziell im letzten Jahrzehnt »Bürgerbeteiligung«, also die Beratschlagung der Bürgerinnen und Bürger untereinander, überwiegend freundlich bewertet. Allgemein umfasst diese Partizipation all jene Handlungen und Verhaltensweisen, die Bürger freiwillig und mit dem Ziel verfolgen, Entscheidungen auf den verschiedenen Ebenen des politisch-administrativen Systems zu beeinflussen – von Wahlen über Petitionen und Demonstrationen bis hin zu Volksentscheiden.[13] Unter »neuen« oder »innovativen« Formen der Bürgerbeteiligung verstehen wir dialogorientierte Formen politischer Beteiligung – im Unterschied zu in der Verfassung festgeschriebenen, gesetzlich geregelten Formen wie Anhörungen im Rahmen von Planfeststellungs- und Raumordnungsverfahren oder klassischen Mechanismen der direkten Demokratie wie Referenden, Volksentscheiden und Bürgerbegehren.

Die klassische Gewaltenteilung erweitern zu wollen, ist zeitgemäß und liegt in der Luft. In Akademien und auf Webseiten zirkulieren diverse Vorschläge, etwa für eine Demokratie der sechs »Gewalten«: mit einer »Regionalen«, einer »Monetativen« und eben einer »Konsultativen«.[14] Die von uns vorgeschlagene Ergänzung der Gewaltenteilung ist eine andere. Sie rüttelt, um das ein letztes Mal zu unterstreichen, nicht an der klassischen Gewaltenteilung, da sie kein imperatives Mandat an den Gesetzgeber vorsieht. Sie ist zugleich wesentlich weiter gespannt, dezentraler und von unten nach oben ausgerichtet.

Im Folgenden wollen wir ausführen, was wir unter einer sinnvoll funktionierenden »Konsultativen« verstehen: ein Netz konsultativer Gremien, das sich über die gesamte Republik erstreckt und von der Gemeindeebene über die Länder in den Bund und in die Europäische Union aufsteigt. Die Konsultative berät intensiv und kontinuierlich das Entscheidungssystem und die Gesetzgebung – es gibt sie also faktisch schon und sie wird stärker. Eine konkrete, besser institutionalisierte Umsetzung ist der »Zukunftsrat«, den wir im vierten Kapitel detailliert vorstellen. (Eilige Leserinnen und Leser, die eine praxisorientierte Hinführung wollen, können sofort auf S. 56 springen.) Seine Zusammensetzung aus allen Schichten und Generationen soll dabei aus dem nur auf Aktualität gerichteten Politikmodus befreien und politische Verantwortung über die Legislaturperioden hinaus verankern.

Kapitel 1

Postdemokratie? Demokratische Experimente!

Ursprünglich auf ein spezielles Defizit gemünzt, nämlich die Auslagerung politischer Entscheidungen in das von wenigen Großunternehmen und Lobbys dominierte Wirtschaftssystem, hat sich die These, wir lebten schon jenseits der Demokratie, zu einem frivolen Rundumschlag ausgeweitet und mit einer Generalkritik am westlichen Demokratiemodell verbunden.[15] Anders als nach 1945 in Westeuropa und nach 1990 in der süd- und osteuropäischen Peripherie findet dieses Modell kaum noch begeisterte Zustimmung unter Intellektuellen und Wissenschaftlern. Die »Verdrossenheit« der Bürgerschaft spiegelt sich in der Müdigkeit der geistigen Welt und der Blasiertheit einer postliberalen, postwestlichen Haltung.

Gegen einen solchen Defätismus unterstreichen wir die Leistungsfähigkeit der (repräsentativen) Demokratie und wollen, da ihre akuten Schwächen kaum zu übersehen sind, ein Experiment zu ihrer Stärkung und Festigung in die Wege leiten. Am Populismus, der sich wie ein Krebsgeschwür in die repräsentative Demokratie hineinfrisst, erkennen wir dabei eine Symptomatik der aktuellen Krise, ein (nicht ganz kleines) »Körnchen Wahrheit« also, das wir gewissermaßen zivilisieren möchten. Zivilisieren heißt nicht abwürgen, zur Räson bringen oder disqualifizieren, sondern politische Gefühle für eine im besten Sinne bürgerliche, produktive Fortentwicklung der Demokratie zu nutzen.

Was am »Post« zunächst grundfalsch ist: Global und auch in Europa gibt es (noch) keine generell nachlassende Zustimmung zur Demokratie, vielmehr hat die Welt seit 1990 zunächst einen ungeahnten Aufschwung der Demokratie als Herrschafts- und Lebensform erlebt,[16] zeitweise selbst in der härtesten Resistenzzone, der arabisch-islamischen Welt, wo die Demokratiebewegung des »arabischen Frühlings« nun allerdings scheinbar hoffnungslos zwischen wiederhergestellten Autokratien und dschihadistischem Terror eingeklemmt ist.

Was am »Post« allerdings zutrifft, ist die unkontrollierte, nur ihren Aktionären rechenschaftspflichtige Macht großer Unternehmen, die Colin Crouch, dem Urheber der Postdemokratie-These, zufolge das parlamentarische Entscheidungssystem kolonisiert und es oftmals zur puren Fassade degradiert.[17] Den kapitalismuskritischen Kern dieser These kann man unterstreichen und betonen, dass die historische Parallelbewegung zwischen »Durchkapitalisierung« und Demokratisierung offenbar ausgelaufen ist. Der Aufschwung der Mittelschichten im globalen Süden verbindet sich zum Teil mit einer positiven Haltung zur Autokratie, jedenfalls führt er nicht automatisch in ein demokratisches System.

Nicht zuletzt haben die Erfahrung, dass in und nach der Finanzkrise 2008 gewisse Banken »too big to fail« waren, also um jeden Preis gerettet werden mussten, und auch die Feststellung, die Modalitäten der »Rettung« Griechenlands und anderer Staaten in der Eurozone seien »alternativlos«, zu einem kapitalen Ansehensverlust demokratischer Politik beigetragen, die ihrem Wesen nach immer Alternativen haben *muss*. Wenn solche nicht einsichtig sind oder überhaupt nicht vorliegen, verbreitet sich zwangsläufig die Ansicht, es sei ganz nutzlos, wählen zu gehen oder sich in Parteien zu engagieren. Wer will es denen verübeln, die so denken?

Des Weiteren hat die innergesellschaftliche Ungleichheit in klassischen Demokratien die Wirkungsmacht und Überzeugungskraft von Repräsentation ausgehöhlt. Die Volksvertretungen in den USA sind de facto vom oberen Mittelstand gewählte Millionärs- und Milliardärsveranstaltungen, während das untere Drittel und erst recht das untere Fünftel der Einkommensbezieher sich zunehmend vom politischen Betrieb abmeldet.[18] Diese Tendenz ist auch auf herkömmlich beteiligungsfreundlichere Wahldemokratien in Europa übergeschwappt. Um zwei jüngere Beispiele aus deutschen Großstädten zu nennen: Zur Oberbürgermeisterwahl (die notabene einmal als Direktwahl eingeführt worden war, um aufkommende Wahlmüdigkeit aufzufangen) im sozial schwachen Essener Norden nahm im September 2015 gerade noch jeder Zehnte an der Stichwahl teil, und selbst die durch ein Attentat am letzten Wahlkampftag aufgeladene und bedeutungsvoller gewordene OB-Wahl in Köln im Monat darauf erreichte nur etwas mehr als vierzig Prozent der Wahlberechtigten. Hier zeigt sich das kontinuierlich sinkende Wahlinteresse vor allem der einkommens- und bildungsbenachteiligten Schichten.

Die Erosion des Wohlfahrtsstaates und die Übergriffigkeit des Wirtschaftssystems führen den Bürgern liberaler Demokratien vor Augen, dass sie nicht nur in kapitalistischen Marktwirtschaften leben, sondern auch in kapitalistischen Gesellschaften. In diesen ist das Wirtschaftsgeschehen aber nicht mehr in soziale Interaktionen und Lebenswelten eingebettet, sondern stattdessen erscheinen Politik und Alltag zur Geschäftsführung von großen Unternehmen und Banken degradiert.[19]

Obwohl die Leistungsfähigkeit von Marktwirtschaften generell unbestritten ist, hat sich das Unbehagen Umfragen zufolge auch in sozialen Marktwirtschaften erheblich verstärkt.[20] Es gibt einen wachsenden antikapitalistischen Affekt, der nach dem Niedergang der radikal-sozialistischen Alternativen politisch heimatlos geworden war und zunehmend in rechtspopulistischer Agitation aufgeht. Marine Le Pen, die Chefin des rechtsradikalen Front National, kommentierte die deutsche »Willkommenskultur« gegenüber Flüchtlingen mit dem perfiden Satz, Frau Merkel besorge sich angesichts der moribunden Demografie billige

»Arbeitssklaven« für die deutsche Wirtschaft. Ihr Pendant zur Linken, Jean-Luc Mélenchon, ließ in anderen Worten Ähnliches vernehmen.

Die Legitimationszweifel an der Demokratie, wie wir sie kennen, haben nicht nur intellektuelle Kreise befallen. In vielen Schichten der Gesellschaft grassiert eine ausgesprochen starke Abneigung gegen »die da oben«, was zum geringeren Teil gegen Akteure in den Kommandozentralen der Wirtschaft gerichtet ist, sondern überwiegend gegen »die (demokratische) Politik« und die politischen Eliten (alias »politische Klasse«), neuerdings auch vermehrt gegen Print- und elektronische Medien, die mit einem NS-Terminus als »Lügenpresse« beschimpft werden.

Glanz und Elend der sozialen Netzwerke beziehungsweise allgemeiner der digitalen Kommunikationstechnologien sind hier kurz anzusprechen. Digitalisierung verschafft einerseits vielen Bürgern einen einfachen und umfassenden Zugang zu Informationen und kann ihnen das Gefühl vermitteln, dass das eigene Denken und Handeln wichtig und wirksam ist. Vor allem das Internet und entsprechende Anwendungen des Web 2.0 ermöglichen nicht nur eine hohe Transparenz politischer Prozesse (zum Beispiel durch Webseiten wie »Abgeordnetenwatch« und Netzwerke wie »Lobbycontrol«), sondern auch die Vernetzung und Mobilisierung von Gleichgesinnten (beispielsweise »Campact – Demokratie in Aktion«). Andererseits verstärken neben dem entpolitisierten (oder in Talkshows pseudopolitisierten) Fernsehen auch weitgehend anonyme soziale Netzwerke die Distanz. Diese Form des Medienkonsums verhindert kollektives Lernen, weil es überwiegend auf der Suche nach Gleichgesinnten in der »Echokammer« ist, die Andersdenkende ablehnen oder »fertigmachen«. Es nährt einen elektronischen Populismus und Verschwörungstheorien aller Art.

Der »paranoide Stil der amerikanischen Politik«, den der Historiker Richard Hofstadter in der McCarthy-Ära der 1950er Jahre in den USA am Werk sah,[21] hat sich offenbar globalisiert. Das die Verschwörungstheorien grundierende Ressentiment ist kein einzelnes, isolierbares Gefühl, eher eine Zusammenballung verschiedenster Aversionen. Der ressentimentgeladene Mensch »verbeißt sich« in sein eigenes Unwohlsein. Dessen Kritik zielt nicht auf die Verbesserung eines missliebigen Zustands, also weder auf Reform noch Revolution, sie gibt sich vielmehr zufrieden im selbstvergiftenden »Hochgefühl der grundsätzlichen Opposition«,[22] die durch wild herangezogene Erfahrungspartikel immer wieder bestätigt wird. Die Zusammenkunft auf Straßen und Plätzen (man denke an eine Pegida-Demonstration) wendet sich regelmäßig gegen ethnische, religiöse und sexuelle Minderheiten. Dieses Plebiszit etwa an Dresdner Montagabenden verstehen populistische politische Unternehmer als Volkes Stimme, die parlamentarische Mehrheitsfindung lächerlich macht und den Anspruch erhebt, wahre Demokratie zu intonieren.

Populistische Protestbewegungen tasten, anders als leninistische oder faschistische Radikaloppositionen, die demokratische Fassade nicht an. Im Gegenteil: Sie setzen auf plebiszitäre Mehrheiten (weil sie Wahlen gewinnen können) und in zweiter Linie auf die Herausbildung einer autoritären Demokratie. Diese Version hat bereits eine gewisse Programmatik erfahren in Ansätzen »gelenkter Demokratie« in Putins Russischer Föderation, in Erdoğans Neu-Osmanentum und im Begriff der »illiberalen Demokratie« bei Viktor Orbán, dem ungarischen Ministerpräsidenten.[23]

Zur Nostalgie besteht kein Anlass. Populismus ist kein Schicksal, wenn es gelingt, seine Motive zu verstehen und sie auf ähnliche Weise für eine Demokratisierung der Demokratie zu nutzen wie die eher nach links neigenden populistischen Protestenergien der 1960er bis 1980er Jahre.

Populisten verstehen!

Halten wir fest: Zum Populismus gehört definitionsgemäß der Antagonismus Volk versus politische und wirtschaftliche Elite. Ebenso gehört dazu ein antikapitalistischer Affekt gegen liberale Marktwirtschaften und industrielle Moderne. Beides greift Aspekte des Klassenkampfes auf, in dessen Fokus aber nicht wie im Marxismus der Gegensatz von Kapital und Arbeit steht,[24] sondern er modifiziert sich zum Gegensatz des Volkes gegen die globalisierte Wirtschaft und supranationale Politik. Dies war auch der Dreh- und Angelpunkt faschistischer Bewegungen und Regime; das »Volk« war hier, in einer Wendung gegen das universale Judentum und seine partikularen Eigenheiten, vor allem ethnisch-rassisch gedacht und der Antikapitalismus richtete sich gegen das »raffende Kapital«. Auf diese Weise konnte sich das populistische Koordinatenkreuz im 20. Jahrhundert drehen und nach rechts wenden.

Populisten wie der US-amerikanische Präsidentschaftsbewerber Donald Trump betreiben Klassenkampf an die falsche Adresse. An die Stelle eines sozialstrukturellen und normativen Antagonismus von Oben und Unten, Arm und Reich, Kapital und Arbeit postuliert der Populismus in allen historischen und aktuellen Spielarten den schlichten Gegensatz von »denen da oben« und »dem« Volk. Dieses wird als ganz homogen angesehen, als könne es sich in allen Fragen einig sein gegen die politischen Eliten (»Politische Klasse«), die wirtschaftlichen Eliten (»Bonzen«, »Lobbyisten«) und die journalistischen Meinungsführer (»Lügenpresse«). Mit dieser Wende ist der Populismus kein Antriebsmotor mehr, sondern eine tödliche Gefahr für die liberale Demokratie.

Populisten drängen in die Regierungen – für die Europäische Union wäre der schlimmste Unfall ein Szenario, in dem Marine Le Pen Staatspräsidentin in Paris wird, Heinz-Christian Strache österreichischer Bundeskanzler, fürderhin Dänemark und Finnland, aber auch das Vereinigte Königreich unter dem Druck rechtspopulistischer Vetospieler aus der EU austreten und in Osteuropa ultrakonservative Bewegungen mehr Einfluss bekommen. Daran würde das wiedervereinigte Europa zerbrechen. Flüchtlingszustrom und Terrorbedrohung tragen wesentlich dazu bei, denn die außerparlamentarische Agitation der Populisten lebt von Xeno- und Islamophobie. Auch hier also finden wir eine »Verschiebung« der partizipatorischen Revolution nach rechts.

Der bulgarische Politikwissenschaftler Ivan Krastev hat freilich darauf hingewiesen, wo man der populistischen Agitation in bestimmter Hinsicht recht geben muss: im Hinblick auf die Abkehr der politischen Eliten vom mühsamen Geschäft der Deliberation und der transparenten Aushandlung von Kompromissen in den parlamentarischen Instanzen.[25] Die erwähnten Sachzwänge »alternativloser« Politik spiegeln sich im Überhandnehmen exekutivischer und dezisionistischer Verfahren, die sich kaum der Mühe unterziehen, Argumente vorzutragen. Ein weiteres Manko ist die ausdrückliche Leidenschaftslosigkeit dieser »ausführenden« Politik, die politische Emotionen dem populistischen Lager (und Mob) überlässt und kaum Angebote macht, sich in der politischen Arena auch auf andere Weise »mit Leidenschaft und Augenmaß« zu engagieren.

Politik für die Zukunft

Der Vormarsch der Populisten spiegelt also echte Probleme liberaler Demokratien – ihren Verlust an Kontrolle, Regulierung und Steuerung, gerade in den allfälligen Krisensituationen. Demokratie lässt sich in einem Kerngedanken zusammenfassen: Bürgerinnen und Bürger sollen Entscheidungen, die sie betreffen, selbst fällen beziehungsweise kontrollieren. Diese Regel wird durch die ökonomische, kulturelle und auch politische Globalisierung unterlaufen, deren Effekte den Container des Nationalstaates aufbrechen. Der Souverän ist immer häufiger Entscheidungen ausgesetzt, die »draußen« getroffen wurden, ohne von ihm legitimiert werden zu können; gleichzeitig wirken »hier« getroffene Entscheidungen auf die Bewohner anderer Weltregionen zurück.

Das gilt nicht nur räumlich, sondern auch zeitlich: Der Souverän fällt »heute« Entscheidungen, die Menschen »morgen« betreffen. Grundsätzlich neu ist das natürlich nicht: Reparaturbedürftige Infrastrukturen, ungelöste Konflikte, akkumulierte Schulden und dergleichen Altlasten haben schon immer Kinder und Kindeskinder bis ins x-te Glied verpflichtet. Aber wer zum Beispiel Mitte der 1950er Jahre, korrekt mit parlamentarischer Mehrheit, den Einstieg in die zivile Nutzung der Atomenergie beschließt, ohne für eine sichere Endlagerung atomaren Mülls vorzusorgen, greift damit wohl tiefer und längerfristiger in Freiheitsspielräume und Optionen künftiger Generationen ein, als behauptet wurde.[26]

Schon der legendär gewordene Brundtland-Report von 1987 konstatierte: Entwicklung kann nur nachhaltig sein, »wenn sie die Bedürfnisse der heutigen Generationen erfüllt, ohne damit die Fähigkeiten der künftigen Generationen zu kompromittieren, ihre eigenen Bedürfnisse zu befriedigen«.[27] Nachhaltigkeit ist demokratiepolitisch nichts anderes als (Generationen-) Gerechtigkeit, und Gerechtigkeit ist eigentlich die Grundlage der Demokratie. Sie hat dann nicht allein mit aktuellen Wahlkreisen auf ihrem nationalen Gebiet zu rechnen (an denen sich handelnde Politik grundsätzlich ausrichtet), sondern mit »Fremden« andernorts und zukünftig. Wir können nicht wissen, wie künftige Generationen leben wollen, folglich auch nicht, ob sie sich geschädigt fühlen werden. Aber wir können uns dies plausibel vorstellen. Verantwortungsbewusste Politik muss deshalb so weit wie möglich vermeiden, dass »künftige Generationen« beeinträchtigt oder geschädigt werden, nicht zuletzt damit auch der demokratische Prozess weitergehen kann.

»Generation« ist die einzige zeitliche Kategorie, die Gesellschaft strukturiert. Generationen sind biosoziale Zwitter: Im biologischen Generationsverhältnis bilden (Groß-)Eltern und Kinder beziehungsweise Enkel eine Verwandtschaftskette, in der materielle und immaterielle Werte übertragen werden. Dies geschieht zu Lebzeiten oder in unmittelbarer Erinnerung an die beteiligten Personen. Die öffentliche Dimension dieser privaten Interaktion sind dann sozial- und rentenpolitische (Um-)Verteilungen, die Generationskonflikte heraufbeschwören können. Im Blick auf die »Futurisierung der Politik«[28] spielen nun erweiterte Generationenverhältnisse eine Rolle, die über die verwandtschaftliche Konstellation und personale Beziehungen hinausweisen in abstraktere Interaktionen – zwischen »Heutigen« und »Künftigen«. Kinder und Jugendliche, die jetzt leben, können diese nur symbolisch vertreten. Muss diese Repräsentation eine symbolische bleiben oder kann sie – direkt oder indirekt – eine demokratische werden?

In modernen Demokratien ist die Repräsentation bis dahin nicht berücksichtigter Interessen sukzessive erweitert worden: vom eingeschränkten Zensuswahlrecht über das allgemeine Männerwahlrecht im 20. Jahrhundert zur Wahlberechtigung von Frauen, zur Herabsetzung des Wahlalters auf 18 Jahre und zum teilweisen Einschluss von Nicht-Staatsangehörigen im kommunalen Wahlrecht. Die Gerechtigkeit zwischen den Generationen lässt es geboten erscheinen, die Reichweite unserer Repräsentationsverhältnisse auch zeitlich zu erweitern und dafür entsprechende Institutionen innerhalb der repräsentativen Demokratie zu erfinden, auszubauen und handlungsfähig zu machen.

Die Sozialwissenschaft sieht sie in der Verankerung von »Rechten künftiger Generationen« in Verfassungen, in Expertenräten für Nachhaltigkeit oder Bürgerversammlungen verankert, die Zukunftsprobleme mehr oder weniger nachdrücklich in die aktuelle Politik einbringen. Dies könnte in bestehende Parlamente integriert werden oder eine eigene Institution erfordern. Manche delegieren den hypothetischen Willen künftiger Generationen mittels diverser Varianten des Kinderwahlrechts an die Eltern der unmittelbar nächsten Generation. Auch »Jugend-Quoten« werden in Betracht gezogen.[29]

Man kann die virtuelle Nachwelt institutionell verankern durch die (demokratietheoretisch problematische) Übertragung von Zukunftsrechten an Eltern oder Ombudspersonen und die Schaffung von Räten und Kammern, die als konsultative Einrichtungen anderen Organen der gewaltenteiligen Demokratie mehr Rücksichtnahme abverlangen. Unser Vorschlag, Zukunftsräte zu institutionalisieren, ist ein weiteres Beispiel des Bemühens um die »Demokratisierung der Demokratie« und eine Variante des »demokratischen Experimentalismus«.[30]

Deliberation, aber richtig

Beschäftigen müssen wir uns nun mit Kritik, die neuerdings vermehrt an der deliberativen Demokratie geäußert wird, denn unser Vorschlag zur Konsultative weist zu diesem Strang eine gewisse Affinität auf. Deliberation (aus dem Lat. *deliberatio* = Erwägung, Beratung, beratende Rede) ist in der Wissenschaftssprache ein Fachausdruck für Kommunikation mit argumentativen (im Unterschied zu rein deklarativen und konfrontativen) Zügen. Überzeugung erwächst demnach aus der Abwägung von Argumenten, die auf ihren Wahrheitsgehalt überprüft werden. Ursprünglich wurde der Terminus vor allem in der Rechtsprechung verwendet, wenn es um die Gewichtung von Gründen für die Urteilsfindung geht. Jürgen Habermas hat daraus eine diskursethisch fundierte Grundlage »deliberativer Politik« entwickelt,[31] die in den letzten Jahrzehnten in der Demokratiediskussion einflussreich geworden ist und vor allem in Nordamerika und Europa zahlreiche praktische Experimente ausgelöst hat, von denen wir hier nur James Fishkins »deliberative Meinungsumfragen«[32] und »21 Century Townhall-Meetings«[33] hervorheben möchten. Demokratische Innovationen dieser Art haben mittlerweile vielfach die Theorie an Radikalität überholt und wirken auf sie zurück. Demokratie entwickelt sich weniger am Reißbrett der Philosophen und Politikwissenschaftler, sondern in der Praxis partizipativer Experimente weiter.[34]

Ein gewichtiger Einwand gegen deliberative Politik lautet, die Inklusion der Zivilgesellschaft und Bürgerschaft betäube den politischen Kern der Demokratie, nämlich den Streit, wenn der Konsens als Voraussetzung, nicht als sein Ziel deklariert wird.[35] Unterstellt wird ferner, unechte Dialoge beförderten nur die Interessendurchsetzung privilegierter und sprechfähiger Eliten oder installiere gar eine »Gegendemokratie«[36] eines misstrauischen, negativen Souveräns. In der Praxis würden also Netzwerke von Experten und Verbänden den repräsentativen Charakter der Demokratie außer Kraft setzen.[37] Außerdem wird der deliberativen Politik vorgehalten, die Rationalität von Individuen überzubewerten und die Empathie oder die Bedeutung des »Wir«, also von konkreten Gemeinschaften, für die Demokratie zu vernachlässigen.[38]

Die Einwände sind beachtlich, aber für uns ist Deliberation an sich ein Gegensatz zum »Fallbeil der Mehrheit«, die ungeachtet besserer Argumente einen populären Standpunkt durchsetzen kann – ein typisches Muster der »Sitzfleisch-Demokratie«, die so lange ausharrt, bis die zu einem Machtanspruch passende Entscheidung gefällt werden kann. Die Frustration vieler Bürgerinnen und Bürger entspringt oft genau solchen Erlebnissen, bei denen ein offensichtlich besseres Argument ohne weitere Erörterung und Begründung abgeschmettert wird.

Die Konsultative gehört also in den Dunstkreis der deliberativen Politik, aber unser normativer Ausgangspunkt ist ein etwas anderer: Wir rücken den für Hannah Arendt wichtigen Aspekt der gemeinsamen und stets strittigen politischen Urteilsbildung ins Zentrum, die Klassiker der politischen Ideengeschichte wie Edmund Burke oder Jean-Jacques Rousseau oft mit der Idee eines Konzerts in Verbindung gebracht haben. Im Sinne Arendts kommt hier die reflektierende Urteilskraft zur Geltung als »größtmögliche Übersicht über die möglichen Standorte und Standpunkte«.[39] Erst diese Urteilskraft ermöglicht einem Handelnden, an Stelle eines anderen zu denken und seine Sicht im Licht abweichender Standpunkte pointiert darzulegen. Parteiische, perspektivisch gebundene Meinungen und Interessen sind Kern des politischen Streits, aber sie können und sollen produktiv zugespitzt und konstruktiv gewendet werden, wenn »am Ende«, wie in aller Politik, eine Letzt-Entscheidung ansteht.

Die Pauschalkritik an deliberativer Politik trifft eher ihre am Output von Politik ausgerichteten Versionen, bei denen das entscheidende Kriterium nicht der Input individueller Bürger ist, sondern der Beitrag außerparlamentarischer, schwach legitimierter Repräsentanten, die sich als Experten und Verbandsvertreter mit ihren Kenntnissen in »Politikdialoge« einbringen. Staatlicherseits werden sie anerkannt und gefördert, weil sie Akzeptanz schaffen und die Ergebnisse von Politik an demokratischen Organen vorbeischleusen und Entscheidungen entpolitisieren. Uns geht es hingegen darum, die antipolitischen Leidenschaften, die man im Populismus am Werk sehen kann, zu zivilisieren und die Demokratie in ihrem Kern, beim sprechfähigen und zukunftsorientierten Souverän, zu repolitisieren. Generell gilt nun, dass gegen die genannten psychologischen, sozialstrukturellen und machtpolitischen Einschränkungen konventioneller Beteiligung nur *mehr* Beteiligung hilft, auch in anderen Formen und Formaten.

Kapitel 2

Verfahren – Elend und Glanz der Beteiligungsdemokratie

In diesem Sinne lassen wir jetzt außerparlamentarische Beteiligungsverfahren in der aktuellen politischen Praxis demokratischer Politik Revue passieren, in denen sich die »partizipatorische Revolution« seit den 1960er Jahren manifestiert hat und ansatzweise aus der Zuschauer- eine Beteiligungsdemokratie gemacht hat. Hätte man vor zwanzig oder dreißig Jahren mehr Bürgerbeteiligung gefordert, wäre das durchaus auf Vorbehalte gestoßen. Partizipationsansprüche standen im Verdacht, die institutionelle Balance der repräsentativen Demokratie zu gefährden, Dilettanten und Querulanten zur Macht zu verhelfen und gewissermaßen die Würde des Staates insgesamt in Frage zu stellen. Man sollte stattdessen bei den Konventionen bleiben – rege Wahlbeteiligung, im Idealfall Mitgliedschaft in einer Partei, damit sollte es genug sein.

Das Pendel ist radikal umgeschlagen. Heute gibt es keine öffentliche Veranstaltung, in der nicht »mehr Partizipation« gefordert wird, wobei dies oftmals ein Lippenbekenntnis bleibt. Gleichwohl: »Unkonventionelle« Beteiligung dieser Art ist heute eine zentrale Hoffnung repräsentativer Demokratie, zumal die »konventionelle« Partizipation wohl unwiederbringlich an Bedeutung verloren hat.

Die Ursachen dafür liegen in einem seit Jahrzehnten voranschreitenden gesellschaftlichen Wandel mit im Wesentlichen drei Entwicklungen: Bürgerinnen und Bürger wollen sich stärker direkt beteiligen und haben die Erwartung, dies auch tun zu können; sie sind (im Durchschnitt) gebildeter und bewerten Politik und ihre Entscheidungen kritischer.[40] Insgesamt differenziert sich die Gesellschaft immer weiter aus: Lebensstile, Haltungen und Wertvorstellungen werden vielfältiger und die Unterschiede in den sozialen Milieus größer. In der Folge ist die Einigung darüber, was bei einer konkreten politischen Frage für alle das Beste sein könnte, schwieriger zu erreichen und wird von »vorpolitischen« Organisationen wie »konservativen« Kirchen und »progressiven« Gewerkschaften kaum noch beeinflusst. Festgefügte Lager haben sich aufgelöst, die »Flatterhaftigkeit« des politischen Publikums nimmt zu. Auf der Suche nach demokratischen Reformperspektiven setzen viele Wissenschaftler und politische Organisationen deshalb schon seit Jahrzehnten auf Partizipation: Normalerweise nicht-involvierte Akteure und Gruppen sollen in den politischen Prozess einbezogen werden, um auf diese Weise die Wissens- und Wertebasis von Entscheidungen zu verbessern. Innovative Verfahren der Meinungs- und Willensbildung sollen – so die Hoffnung – der Demokratie auf die Sprünge helfen.

Die Ambivalenz der Beteiligungsrevolution

Historisch gesehen liegen Partizipation unterschiedliche Motivlagen zugrunde: Emanzipation, Legitimität und Effektivität.[41] In den 1960er Jahren protestierten erstmals breite Teile der Bevölkerung Westeuropas und der Vereinigten Staaten gegen das überkommene demokratische System und forderten eine aktivere Teilhabe an der Gestaltung der eigenen Lebensbedingungen. Im Zuge eines spürbaren Wertewandels,[42] darunter ein Wechsel der Präferenzen von materieller Wohlstandsmehrung zu Zielen wie Selbstverwirklichung oder Naturschutz, bildeten sich soziale Bewegungen (Bürgerrechts-, Frauen-, Studenten- und Friedensbewegungen) und ökologische Bürgerinitiativen. Protest und Partizipationsansprüche stellten die Autorität der Volksvertreter in Frage. Politische Beteiligung hieß von da an mehr, als nur wählen zu gehen oder sich als zahlendes Mitglied in einer Partei oder in einem Verband zu engagieren. Im Vordergrund des Partizipationsdiskurses standen emanzipatorische

Ziele wie die Möglichkeit zur Mitbestimmung, die Transparenz von Entscheidungsprozessen, die Ermächtigung unterprivilegierter sozialer Gruppen und die Demokratisierung der Gesellschaft insgesamt.[43]

Als Beispiel einer weitreichenden Demokratisierung entlang von Prinzipien sozialer Gerechtigkeit gilt der Bürgerhaushalt, wie er sich Ende der 1980er Jahre erstmals in Porto Alegre entwickelt hat. In dieser Millionenstadt im Süden Brasiliens werden seitdem kontinuierlich Bürgerinnen und Bürger an der Entscheidung über die Verwendung der lokalen Finanzen beteiligt. Im gesamten Stadtgebiet werden Initiativen gefördert, die möglichst viele Mitstreiter auf Bürgerversammlungen zusammenbringen, wo sie Projektideen entwickeln und diskutieren. Anschließend entsenden die Initiativen ihre Vertreter in ein Gremium, das diese Vorschläge sammelt und eine Vorauswahl trifft. Verwaltung und Lokalpolitik erhalten diesen Katalog und müssen ihn bei der Verabschiedung des Budgets berücksichtigen. Jedes Projekt, das am Ende verwirklicht wird, wird von Vertrauensleuten der jeweiligen Initiative begleitet. Natürlich ist auch hier nicht alles Gold, was glänzt. Aber durch diese intensive Form der Bürgerbeteiligung ist in Porto Alegre und anderen Städten mit solchen Strukturen das Korruptionsniveau gesunken, während die Emanzipation der Bürgerschaft und das Vertrauen in die Demokratie gestärkt wurden. Besonders erwähnenswert ist die Tatsache, dass auch ärmere und bildungsferne Bevölkerungsschichten rege am Bürgerhaushalt teilnehmen.[44] So stellt sich Partizipation hier als ein wichtiger Gegenpol zu dominierenden organisierten Interessen[45] und als »Schule« für bürgerschaftliche Kompetenzen dar.[46]

Die »Beteiligungsrevolution« kam zwar seit den 1960er Jahren immer wieder ins Stocken, aber unterm Strich ist sie seit dem Weltgipfel von Rio 1992 und dem Aufruf der Kommunen zu einer nachhaltigen Entwicklung durch eine »Lokale Agenda 21«[47] außer in OECD-Staaten auch in einer Reihe von Schwellenländern (zum Beispiel in Brasilien und Indien) zu erkennen und somit schrittweise im Inneren des politischen Systems angekommen. Seit den 1990er Jahren haben Experimente einer bürgernahen Verwaltung und eines engeren Dialogs zwischen politischem System und Bevölkerung deutlich zugenommen: von den lokalen Initiativen zur Förderung bürgerschaftlichen Engagements in benachteiligten Quartieren vieler europäischer und nordamerikanischer Städte über die Verwaltungsreformen in Christchurch (Neuseeland) und Kerala (Indien) bis hin zu den jüngsten Verfassungskonventen in Irland und Island mit nach dem Zufallsprinzip ausgewählten Laienbürgern.

Durch diverse innovative Verfahren der Meinungs- und Willensbildung ist der zweite Entwicklungsschritt der partizipativen Demokratie weit über von Protestfreude geprägten Formen der Selbstermächtigung in den 1960er Jahren hinausgegangen. Partizipation ist zu einer strukturierten und vielfach selbstverständlichen Praxis in Kommunen, Städten und Regionen geworden[48] – allerdings zu einer informellen, das heißt (bislang meist) nicht institutionalisierten Praxis, die die faktische Vormacht von Berufspolitik und Verwaltung sowie das Gefüge des politischen Systems unangetastet lässt.

Seit den 1990er Jahren hat sich der Schwerpunkt des Diskurses auf eine Partizipation »von oben« verlagert. Hauptziel ist, durch die Beteiligung von Zivilgesellschaft und Bürgerschaft die Legitimität repräsentativ getroffener Entscheidungen zu steigern, genauer: zu kontrollieren und gegebenenfalls zu revidieren.[49] Partizipation soll darüber hinaus Entscheidungsprozesse transparenter und fairer machen. Der Deutsche Städtetag stellt in diesem Sinne fest: Es zeigt sich, dass »Legitimität ›diskursiv‹ geworden ist, häufig nur im Wege der wechselseitigen Überzeugung und des Aushandelns zustande kommt«, und empfiehlt den Kommunen, sich systematisch mit der lokalen Beteiligungs- und Planungskultur zu beschäftigen.[50]

Nachdem Bürger- und Öffentlichkeitsbeteiligung oftmals als Verzögerung und Hemmnis dringlicher Entscheidungen kritisiert wurde (wofür es einige Belege gibt), wird dagegen gut organisierte Partizipation auch mit Blick auf den Output politischer Prozesse positiver bewertet. Das gilt unter der Voraussetzung, dass sie a) angemessen moderiert, b) in einem ausreichenden Zeitrahmen stattfindet, c) effektiv in den Entscheidungsprozess rückgebunden ist und nicht zuletzt d) ein möglichst hohes Maß an Repräsentativität und Inklusivität aufweist. Die Erfüllung dieser Bedingungen mag Entscheidungsprozesse zwar fallweise durchaus langwieriger machen, sie aber möglicherweise auch verbessern. Rasche Entscheidungen, die nicht hinreichend legitimiert sind und auf Protest stoßen, können bekanntlich Prozesse sogar ausbremsen oder sprengen, genau wie juristische Anfechtungen vor Gerichten, die sich erheblich in die Länge ziehen können.

Vor allem in jüngster Zeit haben staatliche wie wirtschaftliche Akteure Partizipation somit als Mittel der Effektivitätssteigerung entdeckt. Ziel von Partizipation ist hier, durch das Wissen und die Perspektive einer Vielzahl von Akteuren effektivere Entscheidungen zu treffen. Die Aarhus-Konvention »über den Zugang zu Informationen, die Öffentlichkeitsbeteiligung an Entscheidungsverfahren und den Zugang zu Gerichten in Umweltangelegenheiten« von 1998,[51] in zahlreichen Richtlinien der EU implementiert, rückt diese effektivitätsorientierte Perspektive auf Beteiligung deutlich in den Vordergrund: Auf mehr Informationen beruhende Entscheidungen bauen auf lokalem Laienwissen auf. Kriterien wie »Wissen integrieren« und »Konflikte lösen« spielen aber nur insofern eine Rolle, als sie die Akzeptanz sichern helfen.

Wir wollen dagegen ein weiteres Motiv politischer Beteiligung starkmachen, nämlich soziales Lernen zu initiieren.[52] Besonders wenn es um Zukunftsorientierung und um die Verknüpfung sozialer, ökonomischer und ökologischer Dimensionen geht, können Beteiligungsprozesse als Keimzellen gemeinsamen Lernens fungieren. Soziales Lernen reaktiviert die Fähigkeit von Bürgerinnen und Bürgern, aber auch von Verwaltungsmitarbeitern und Mandatsträgern, sich konstruktiv und nachhaltig Problemen »vor Ort« zu widmen, die sich mit dem »Draußen«, also der Weltgesellschaft, dem Ökosystem und künftigen Generationen verbinden. In Zeiten populistischer Politikverachtung wird hier das politische Engagement wiedergeboren.

Während das repräsentative Regierungssystem ursprünglich das Wahlrecht als einzige Partizipationsmöglichkeit privilegiert hat, wodurch sich die politische Elite von den öffentlichen Willensbildungsprozessen abschotten lässt, erweitern partizipative Verfahren den Kreis derjenigen, die an wichtigen Diskussionen und der Lösungsfindung teilnehmen können (auch wenn er im Verhältnis der Gesamtbevölkerung weiterhin beschränkt bleibt). In dialogorientierten Verfahren werden Bürgerinnen und Bürger und Akteure aus Politik und Verwaltung frühzeitig im Entscheidungsprozess zusammengebracht. Diese zumeist komplexen Verfahren durchlaufen oft mehrere Diskussionsrunden und sind angewiesen auf die Unterstützung von neutralen Moderatoren sowie Experten aus Wissenschaft und Praxis. Anders als bei direktdemokratischen Verfahren wie zum Beispiel Volksabstimmungen verbleibt die Entscheidung aber fast immer bei der dafür demokratisch legitimierten Institution. Es geht darum, unter Einbeziehung möglichst vieler Perspektiven Alternativen zu erarbeiten und eine am besten von allen bevorzugte Lösung zu finden. Beteiligung kann hierbei verschiedene Stufen der Intensität aufweisen: vom Informieren über das Konsultieren und Einbeziehen, das Kooperieren und Mitgestalten bis zur Ermächtigung und in Ausnahmefällen Mitentscheidung der Bürger.

Das Spektrum der weltweit bislang eingesetzten dialogorientierten Beteiligungsformen ist groß. Es variiert zwischen Großformaten wie »21 Century Townhall-Meetings« mit mehreren Tausend Teilnehmern bis hin zu »Mini publics«,[53] also (meist kleineren) diskursiven Foren wie Bürgerräten, Planungszellen und Konsensuskonferenzen mit nur 10 bis 30 Bürgern, die die Öffentlichkeit quasi in Miniatur abbilden. Insgesamt haben sich mittlerweile weltweit rund 20 bis 30 dialogorientierte Verfahren und Methoden etabliert – ergänzt um eine zunehmende Zahl von internetgestützten Beteiligungsverfahren.[54] Diese verschiedenen Formate unterscheiden sich hinsichtlich ihrer Dauer (ein Tag bis mehrere Monate), ihrer Teilnehmerzahl (von 10 bis zu mehreren 1.000) sowie in der Auswahl der beteiligten Bürger

(Selbstselektion, zufällige oder gezielte Auswahl). Manche Verfahren (zum Beispiel die Zukunftswerkstatt) sind grundsätzlich offen für alle Interessierten; die Beteiligten haben sich bewusst und freiwillig zur Teilnahme an einem partizipativen Angebot entschieden. Hier besteht die Gefahr einer Überrepräsentation von bildungsnahen Personen und/oder von Gruppen (wie Rentner und Studierende), die über vergleichsweise viel Zeit verfügen.

Dasselbe gilt für Beteiligungsfans, die man ironisch die »üblichen Verdächtigen« oder »Berufsbürger« nennt. Wir möchten besonders Engagierte natürlich nicht tadeln, aber eine Zufallsrekrutierung, die zum Beispiel Bürgerräten oder Konsensuskonferenzen zugrunde liegt, kann eine breitere Repräsentativität gewährleisten und damit die Dominanz von Partikularinteressen durchbrechen. Durch eine gezielte Auswahl der Teilnehmer, wie sie beispielsweise in Mediationsverfahren erfolgt, werden bestimmte Einzelpersonen oder Vertreter verschiedener Personengruppen zur Mitwirkung eingeladen.

Jedes Verfahren hat seine Vor- und Nachteile, so dass sich nicht alle gleichermaßen je nach Zielsetzung und Kontext eignen. So mag zum Beispiel eine Planungszelle für die Erarbeitung von Handlungsvorschlägen bei der energetischen Sanierung von Quartieren sinnvoll, in Konfliktsituationen bei der Konzeption von Stromtrassen jedoch wenig hilfreich sein. Welches Format gewählt wird, hängt auch von den gesellschaftspolitischen Vorstellungen der Initiatoren ab. Eine E-Petition oder der Bürgerservice »Maerker«, der in Berlin und Brandenburg mit Hilfe einer Internet-Plattform dazu aufruft, Infrastrukturprobleme zu melden (zum Beispiel defekte Straßenlaternen), entsprechen beispielsweise eher einem funktionalistischen, Bürgerhaushalte dagegen eher einem emanzipatorischen Demokratieverständnis.[55]

Besonders auf der lokalen Ebene ist in den letzten Jahrzehnten eine erfreulich dynamische Entwicklung partizipativer Arrangements zu beobachten.[56] Immer mehr Mandatsträger sehen den Nutzen einer Zusammenarbeit mit einer interessierten Bürgerschaft, denn sie erhalten so Einblicke in die Bedürfnisse und Meinungen unterschiedlicher Bevölkerungsgruppen und können etwaige Stolpersteine bei der Umsetzung von Vorhaben frühzeitig erkennen. Außerdem realisieren sie zunehmend, dass die Einbeziehung lokalen Wissens die inhaltliche Qualität der Entscheidungen verbessert.

Spielarten und Defizite von Partizipation

Wie ist es also heute um die Partizipation in Deutschland bestellt? »Stuttgart 21« und die auftretenden Widerstände gegen Projekte im Zuge der »Energiewende« haben eine öffentliche Diskussion über die Krise der repräsentativen Demokratie und die Notwendigkeit einer Institutionalisierung neuer Beteiligungsformen nach sich gezogen. Kein Politiker, der sich nicht für mehr Partizipation ausspricht, kein Infrastrukturprojekt bleibt ohne Forderung nach mehr Mitwirkung. Und es bleibt nicht bei leeren Worten: Quer durch die Republik ist ein regelrechter Beteiligungs-Aktionismus zu beobachten. Partizipation wird allerdings häufig um ihrer selbst willen betrieben. Die Ergebnisse gleichen nicht selten phantasievollen, aber unrealisierbaren Wunschzetteln, die in den Schubladen oder auf den Homepages der Verwaltungen verschwinden. Schaut man also genauer hin, so bemerkt man, dass es sich bei den inflationär angewendeten und vielfach wirkungslosen Teilhabeverfahren oft um inszenierte Events der politischen Eliten handelt, die dazu dienen sollen, »Wutbürger« zu verträglichen Partnern zu machen – was mittel- und langfristig die Politikverdrossenheit der Bürger noch weiter befördern wird. »Beteiligen wir uns zu Tode?«, bringt der Stadtplaner Klaus Selle[57] diese Parodie von Bürgerbeteiligung auf den Punkt.

Partizipation dieses Typs kann dem Populismus Vorschub leisten. Schauen wir uns als Beispiel die Schlichtung in der Auseinandersetzung um den Stuttgarter Bahnhof genauer an. Der Zorn des bis dahin nicht eben für seine Protestfreudigkeit bekannten Bürgertums der schwäbischen Hauptstadt entzündete sich an einer politischen Planungspraxis, die keine echten Alternativen vorlegt, nicht ergebnisoffen debattiert und im Grunde intransparent ist. Wie Winfried Thaa an »Stuttgart 21« gezeigt hat, resultiert die Krise der repräsentativen Demokratie »aus der gegenläufigen Bewegung zwischen einer während der letzten Jahrzehnte von Seiten der Parteieneliten vorangetriebenen Entpolitisierung des Parteienwettbewerbs auf der einen Seite, sowie der zunehmenden Politisierung technischer und infrastruktureller Projekte durch die davon betroffenen Bevölkerungsgruppen auf der anderen Seite«.[58] Die Auseinandersetzung um den mittlerweile auch im Ausland bekannten Bahnhof habe letztlich einen kulturellen Konflikt auf Seiten der Bevölkerung um die Prioritäten der Stadtentwicklung zutage gefördert, einen Wertekonflikt um das »gute Leben«, den die Parteienpolitik unzureichend artikuliert habe. Dieser Widerspruch zeigt sich im Antagonismus Beschleunigung und technische Effizienz versus lebensweltliche Bedeutung konkreter Orte: Der Stadtgarten und der Bahnhof als Wahrzeichen waren für die Stadtbewohner Identitätsmarker, deren Zerstörung sie in nachvollziehbare Empörung versetzte. Die Schlichtung Heiner Geißlers war entgegen seiner Selbstaussage kein sonderlich gelungenes »Demokratie-Experiment«,[59] denn dieses Verfahren war dem demokratischen Willensbildungsprozess nachgeschaltet und die Regeln und der Umgang mit den Ergebnissen waren von den Beteiligten nicht vorab festgelegt worden. Stattdessen war der Prozess (überaus erfolgreich) fürs Fernsehen inszeniert und trieb nicht zuletzt eine rein technische Versachlichung und Entpolitisierung der Auseinandersetzung (»Faktencheck«) voran, die den ursprünglichen Wertekonflikt verdeckt statt gelöst hat. Bürgerinitiativen, Politiker und Bahnvorstände haben sich zwar während der Schlichtung zusammengesetzt und erstmals auf Augenhöhe miteinander geredet. Aber ein Beispiel für gut gemachte Bürgerbeteiligung konnte dieses improvisierte Verfahren um Stuttgart 21 nach dem verkorksten Beginn nicht mehr werden.[60]

Gelungene Partizipation leistet nämlich gerade das: alle verschiedenen Aspekte eines Problems oder Konflikts artikulieren, die darunter liegenden unterschiedlichen Prinzipien und Wertorientierungen in einem öffentlichen Diskurs sichtbar machen und damit einem scheinbaren Konsens und einer entpolitisierten Themensetzung der Parteienpolitik entgegenwirken. Gut gemachte Beteiligung vermag die vielfältigen Weltsichten der Bürgerschaft zu veranschaulichen und dadurch eine Kreativität freizusetzen, die ungeahnte Lösungswege eröffnet. Als Grundregel gilt dabei, den eigenen Standpunkt mit denen der anderen zu vergleichen und ihn dadurch zu relativieren, selbst wenn man ihn beibehält.

An einem Projekt im österreichischen Bregenz lässt sich das gut demonstrieren. Stadtentwicklung ist ein Prozess mit engen Rahmenbedingungen, bei dem zahlreiche, zumeist harte Interessen auf ebenso zahlreiche Zwänge und Regulierungen stoßen. Nachdem in der Stadt am Bodensee jahrzehntelang keine politische Einigung über die Verwendung eines großen Areals direkt am Seeufer möglich war, stand die Stadtvertretung 2009 kurz davor, den lange erhofften Masterplan zu beschließen. Um sich abzusichern und die Anliegen der Bevölkerung in diese Planungsphase mitaufzunehmen, initiierte die Stadt einen Bürgerrat. Schnell stellte sich heraus, dass aus Sicht der Bürgerinnen und Bürger die unzähligen beauftragten Planer das Wichtigste vergessen hatten. Denn obgleich die nach dem Zufallsprinzip ausgewählten Bürger nicht über planerische Kompetenzen verfügten, hatten sie erkannt, dass dieses Projekt Bregenz die historische Chance bot, die durch die Bahnlinie und stark befahrene Straße hervorgerufene Trennung zwischen See und Stadt aufzuheben.

Auf der Basis dieser Erkenntnis entwickelte der Bürgerrat vielfältige Ideen, darunter eine breit angelegte Überführung (»Spanische Treppe«), die dann von der Stadtvertretung einstimmig beschlossen wurde. Hier zeigt sich, wie es gelingen kann, lokales Wissen und die Gemeinwohlperspektive durch Partizipation zum Ausdruck zu bringen. Der Bürgerrat war nicht Sprachrohr von speziellen Interessengruppen, sondern artikulierte die Vorstellung einer breiten (sonst oft schweigenden) und gleichzeitig vielfältigen Öffentlichkeit über die Zukunft ihrer Stadt – allgegenwärtigen urbanen Tendenzen von Gentrifizierung, Verödung und Entfremdung zum Trotz.

Aber zurück zur deutschen Realität. Nehmen wir das Beispiel der »Energiewende«: Unser Energiesystem ist im Begriff, sich drastisch zu wandeln – hierzulande, aber auch in anderen Ländern (wie Dänemark und sogar in China und Indien). Die deutsche Energiewende verfolgt seit dem Super-GAU 2011 in Fukushima ambitionierte Ziele: Bis 2022 sollen sämtliche in Betrieb gebliebenen Kernkraftwerke abgeschaltet werden und zugleich soll bis 2050 der Anteil der fossilen Energieträger an der Stromproduktion auf maximal 20 Prozent sinken. Damit nehmen die Konflikte um neue Infrastrukturen automatisch zu. Denn um die im Norden und Osten des Landes produzierte Windenergie in den Süden und Westen transportieren zu können, müssen die Leitungstrassen des Übertragungsnetzes um rund 3.500 km erweitert werden. Der Ausbau des Stromnetzes gilt als der Flaschenhals der Energiewende. Fest steht, dass dieser Ausbau eine enorme Herausforderung darstellt, sowohl in technischer wie auch in ökonomischer, sozialer und kultureller Hinsicht.[61] Viele Bürgerinnen und Bürger werden individuell die Lasten der Energiewende tragen müssen, sei es durch die Trassenverläufe in ihrem direkten Wohn- und Lebensumfeld, den Wertverlust ihres Hauses oder die Veränderung von gewohnten Landschaftsbildern durch bis zu 100 Meter hohe Masten.

Obgleich sie überwiegend der Energiewende zustimmen, lehnen viele Anwohner, Bürgerinitiativen, aber auch Kommunen und gelegentlich Vertreter der Länder (wie der bayerische Ministerpräsident Horst Seehofer) die konkreten Pläne des Netzausbaus ab. Wachsende Proteste verzögern den Ausbau schon jetzt erheblich. Wie bei vielen umstrittenen Infrastrukturprojekten hat das klassische demokratische Verfahren in eine Sackgasse geführt. Weder Bundestag, Bundesrat und die Landesregierungen noch die Bundesnetzagentur und Planungsbehörden der Länder vermögen es, den für die Energiewende notwendigen Netzausbau ausreichend zu legitimieren. Dass die Möglichkeiten einer konstruktiven Beteiligung an Entscheidungs- und Planungsprozessen sehr begrenzt sind, erzeugt Widerstand bei der Bevölkerung. Es entstehen Bürgerinitiativen und oft genug schließen sich auch Bürgermeister, Gemeinderäte und lokale Medien dem Protest an. Fast 90 Prozent wollen mehr Mitsprache bei der Infrastrukturplanung.[62] Wer also gegen den Willen der Bürger oder an ihnen vorbei plant, riskiert zu scheitern. Wie aber schaffen wir jenseits der allgegenwärtigen NIMBY-Haltung (»Not in my backyard« – »Energiewende ist mir recht, aber doch nicht in meinem Vorgarten«!) einen öffentlichen Raum des Politischen und einen Geist gesamtgesellschaftlicher Verantwortung?

Der aktuelle Rechtsrahmen für die Planung von Infrastrukturprojekten am Netzausbau bietet nur wenig Spielraum für echte Partizipation. Möglich ist bislang nur eine informelle Beteiligung zu Detailfragen (zum Beispiel Varianten von Teilabschnitten einer Stromtrasse). Die zu beobachtende Zunahme dialogorientierter Beteiligungsverfahren im Zuge der Energiewende ist also mitnichten ein Zeichen für die Stärkung der Demokratie, geschweige denn ein Zeichen für eine gesteigerte Emanzipation der Bürgerschaft oder gar für soziales Lernen im Sinne einer Transformation zur Nachhaltigkeit unserer Gesellschaft.

Bislang sind dialogorientierte Verfahren für die Energiewende unverbindlich, und es gibt keine Garantie, dass konkrete Ergebnisse von Bürgerbeteiligung auch tatsächlich in die Planungsverfahren eingespeist werden. Momentan gelingt dies nur dann, wenn sich der Netzbetreiber (das heißt ein Unternehmen oder Firmenkonsortium) freiwillig dazu verpflichtet. Daraus ergibt sich die Gefahr, dass Bürgerbeteiligung leicht instrumentalisiert werden kann. Ein Megaprojekt mit so einschneidenden Konsequenzen wie die Energiewende aber braucht qualitativ hochwertige Beteiligung, deren Ergebnisse verbindlich auf den politischen Entscheidungsprozess einwirken. Und sie braucht Beteiligungsformen, die nicht erst am Ende eines langen Planungsprozesses (bei der Wie-Frage der Umsetzung) ansetzen, um deren Effektivität zu steigern, sondern von Anfang an auch

Konflikte bearbeiten und in konstruktive Diskussionen lenken können.

Auch für andere Politikfelder lässt sich feststellen: Partizipative Prozesse werden oftmals lediglich mit dem Ziel initiiert, den Widerstand der Bürgerschaft gegen den Bau eines Flughafens, einer Umgehungsstraße oder Müllverbrennungsanlage zu befrieden – ohne dass es einen echten Handlungsspielraum gäbe, weil wesentliche Entscheidungen bereits getroffen wurden oder die Ergebnisse der Beteiligung unberücksichtigt bleiben (Scheindialoge). Der unverbindliche und nichtinstitutionelle Charakter setzt diese Verfahren also einer gewissen Willkür und Manipulation jener Akteure aus, von denen sie einberufen worden sind. Auch ist oft zu beobachten, dass sich die Prozessbegleiter des Beteiligungsverfahrens im Sinne eines bestimmten »kommunikativen« Ziels vor den Karren ihres Auftraggebers spannen lassen und ihren Job nicht professionell und unabhängig machen. Das Ziel ist für sie und manche Vertreter der Politik schon erreicht, wenn diese sich ein beteiligungsfreundliches Image verschafft haben.

Ebenso ist es möglich, dass bestimmte dominante Gruppen von Teilnehmenden den Beteiligungsprozess beeinflussen wollen. Gute Verfahren wirken mit ihrem klaren und eindeutig kommunizierten Mandat und Aufgabenprofil auch dieser Gefahr entgegen. Hier steht vor Beginn für alle Beteiligten fest, welche Gestaltungsmöglichkeiten bestehen und wie mit den Ergebnissen am Ende umgegangen wird. In solchen Verfahren gibt es neutrale und unabhängige Moderatoren, die verhindern, dass die Kommunikation durch Einzelpersonen oder Gruppen gelenkt wird.

Halten wir fest, was ein Beteiligungsprozess braucht: eine klare Zielsetzung, eine transparente Rollenaufteilung und Kompetenzzuweisung, Inklusivität (»alle an den Tisch«) und Transparenz drinnen und draußen (»alles auf den Tisch«), echten Gestaltungsspielraum mit klaren Alternativen, Professionalität und Rückmeldungen und nicht zuletzt eine obligatorische Anbindung an Legislative und Exekutive.

Für eine neue Partizipationskultur: Institutionalisierung und Repolitisierung

Bislang werden Bürgerbeteiligungsverfahren nur punktuell eingesetzt und es gibt keinen allgemeinen rechtlichen Rahmen, wie und wann sie stattfinden können und sollen. Europaweit entstehen aber vielversprechende Ansätze einer schrittweisen Institutionalisierung und Herausbildung rechtlicher Rahmenbedingungen für Bürgerbeteiligung auf kommunaler und regionaler Ebene. Richtungsweisend für die Institutionalisierung und Verstetigung von Bürgerbeteiligung ist das westösterreichische Bundesland Vorarlberg. Hier wurde 1999 das »Büro für Zukunftsfragen« als Stabsstelle im Amt der Landesregierung eingerichtet, die in fachlicher Hinsicht direkt dem Landeshauptmann (Ministerpräsident) zugeordnet ist. Das Büro fördert politisches Engagement im Zeichen nachhaltiger Entwicklung. Hierfür haben die Vorarlberger ein eigenes Format der Bürgerbeteiligung, die Bürgerräte, etabliert. Bürgerräte dienen den Verwaltungen dazu, frühzeitig wichtige gesellschaftliche Themen mit ausgewählten Bürgern zu diskutieren und einen Überblick über vorhandene Meinungen zu gewinnen. Sie erarbeiten Empfehlungen für politische Entscheidungsträger. Seit 2013 gibt es in dem Bundesland zudem eine rechtliche Grundlage für diese Erweiterung der repräsentativen Demokratie. Mit der Verankerung in der Landesverfassung können auch Bürger selbst themenspezifische Bürgerräte einberufen.

Solche Vorbilder machen Schule. In Deutschland hat beispielsweise die Stadt Heidelberg eine städtische Koordinierungsstelle für Bürgerbeteiligung eingerichtet.[63] Zu ihren Kernthemen zählen Stadtgestaltung, Nutzung von Flächen und Klimaschutz. Richtungsweisend bei der urbanen Projektentwicklung sind hier die Leitlinien für eine stärkere Beteiligung von Bürgern, die in der Satzung der Stadt verankert sind. Als Herzstück benennt eine Liste aktuelle Planungsvorhaben. Noch weit vor der Erstberatung des Gemeinderats, also äußerst frühzeitig, werden

Vorhaben im Internet veröffentlicht, so dass Bürgerinnen und Bürger eine stärkere Beteiligung einfordern können. Das Land Baden-Württemberg, dem die Massenproteste gegen Stuttgart 21 zwar keinen Baustopp, aber eine grün-rote Landesregierung und eine leibhaftige Staatsministerin für Zivilgesellschaft und Bürgerbeteiligung eingebracht haben, schult seine Regierungspräsidien und Kommunen regelmäßig in einer Akademie. Bürgerbeteiligung könnte hier Verwaltungsalltag werden (es sei denn, eine politische Wende rückwärts machte diesem Prozess den Garaus ...).

Auch die Städte Bonn und Leipzig haben Leitlinien zur Beteiligung entwickelt und entsprechende Koordinierungsstellen eingerichtet. Andere Städte wie Mannheim haben Strukturen für Beteiligung bei konkreten Stadtentwicklungsprojekten geschaffen. Mit dem Mannheimer »Projekt der tausend Ideen« wurde zum Beispiel ein umfangreiches Beteiligungsverfahren initiiert, um ehemalige Kasernenflächen in urbane Lebensräume umzuwandeln. Die Ideen der Bürgerinnen und Bürger wurden in einem Weißbuch »Konversion und Bürgerbeteiligung in Mannheim« gebündelt und dem Stadtrat vorgelegt.[64] Für die Koordination dieses Prozesses wurde eine Stabsstelle mit drei Mitarbeitern mit eigenem Etat aufgebaut, die mit anderen Fachbereichen der Stadtverwaltungen kooperiert. Bemerkenswert ist, dass die Institutionalisierung von Bürgerbeteiligung vor allem auf kommunaler Ebene und (vereinzelt) auf Landesebene vorangetrieben wird, nicht aber auf Bundesebene.

Was eine derartige Institutionalisierung leisten könnte, ist vor allem der Aufbau einer Partizipationskultur, die schon im Vorfeld eines Beteiligungsprozesses alle Akteure zusammenbringt, solche Prozesse über längere Zeiträume kontinuierlich anwendet und verlässlich mit der notwendigen Qualität durchführt. Nur dann entsteht trotz Interessengegensätzen und Meinungsverschiedenheiten gegenseitiges Vertrauen in einer politischen Gemeinschaft.[65] Nochmal bezogen auf das Beispiel des Stromtrassenausbaus für die Energiewende: Die Anbahnung des Beteiligungsprozesses »Demoenergie« im oberpfälzischen

Windisch-Eschenbach dauerte neun Monate.[66] Die wertschätzende Herangehensweise der Initiatoren und Moderatoren schuf vor Ort ein Stück Partizipationskultur, die frei von Angst und gegenseitigem Misstrauen war. Zuhören lernen müssen nicht nur Politik, Verwaltung und Wirtschaft, sondern auch die Bürgerschaft und Zivilgesellschaft. Eine faire und vertrauensvolle Beziehung ist Grundvoraussetzung dafür, dass sich alle Parteien ergebnisoffen auf einen Prozess einlassen, der am Ende so gut wie möglich das Gemeinwohl fördert. Im Zentrum steht also ein konstruktiver Streit, der die meist hinter Sachfragen verborgenen unterschiedlichen Werthaltungen und Weltsichten nicht ausspart. Dies erfordert eine gänzlich andere, nämlich politisiertere Konzeption von Beteiligung, als von Behörden in der Regel vorgesehen.

Es sei kurz angemerkt, auf welche Demokratietheorie wir uns stützen. Sowohl die partizipative Demokratietheorie, deren Höhepunkt in den 1970er und 1980er Jahren lag, als auch der (eng verwandte) deliberative Ansatz, der seit den 1990ern Hochkonjunktur hat, stellen die politische Willensbildung in den Mittelpunkt. Sie wollen der Entfremdung der Bürgerinnen und Bürger vom politischen System entgegenwirken und zugleich das Machtmonopol der politischen Repräsentanten begrenzen. Darüber hinaus unterstreichen beide Ansätze den Eigenwert von Beteiligung und verständigungsorientierter Kommunikation sowie die damit einhergehende gesellschaftliche Integrationskraft von Demokratie. Man hofft, so auch die Effektivität von Politik zu erhöhen. Im Vordergrund deliberativer Beteiligung steht der Austausch von Argumenten und idealerweise eine anschließende gemeinsame Entscheidungsfindung.[67] In der Diskussion wägen die Beteiligten alternative Positionen unter der Prämisse ab, alle Standpunkte zu berücksichtigen. Viele Theoretiker vertreten die Auffassung, dass eine gute Deliberation nur in kleinen Gruppen, manchmal sogar nur hinter verschlossenen Türen stattfinden kann. Deliberative Verfahren sind klassischerweise rein konsultativ,[68] haben also nur eine beratende Funktion, sind zeitlich begrenzt und (bislang meist) nicht institutionalisiert. Sie ergänzen politische Institutionen und gesellschaftliche Strukturen, ohne sie grundsätzlich zu verändern.

Offen bleibt freilich, ob das ausreicht, um der oben dargelegten Krise der repräsentativen Demokratie wirkungsvoll zu begegnen. Der Kern der partizipativen Demokratietheorie ist radikaler: Er strebt nach Beteiligung möglichst vieler über möglichst vieles – mit dem Ziel einer umfassenden Demokratisierung von Politik und Gesellschaft.[69] An Stelle rein konsultativer Verfahren werden hier Formen der Mit-Entscheidung oder Co-Governance bevorzugt, die Bürgerinnen und Bürgern eine tatsächliche Entscheidungsgewalt innerhalb der demokratischen Machtstrukturen einräumen, wie zum Beispiel beim Bürgerhaushalt in Porto Alegre.

Heute schotten sich viele Menschen voneinander ab, sie flüchten sich ins Private oder bilden isolierte Identitäts- oder Interessengemeinschaften.[70] Wir wollen mit der Konsultativen eine Sphäre des Politischen institutionalisieren, die die Grundüberzeugungen von Bürgerinnen und Bürgern im Konflikt mit anderen zur Geltung bringt und sie dadurch politisch vergemeinschaftet. Diese Sphäre ist eine des Gestaltens unserer Zukunft, keine des unverbindlichen Sprechens. Es muss gewährleistet sein, dass Legislative und Exekutive Rechenschaft ablegen, ob und welche Wirkung die Ergebnisse der Beratungen auf den weiteren politischen Prozess haben. Aber wir möchten die Konsultative nicht in eins setzen mit staatlicher Entscheidungsgewalt. Anknüpfen lässt sich an Hannah Arendts Begriff des Politischen, der das gemeinsame Handeln im öffentlichen Raum in den Vordergrund rückt, im Unterschied zur Politikerpolitik beziehungsweise zu Politik als sozialem Funktionssystem von Regierung oder Verwaltung. Arendt hat die politische Rationalität herausgestellt, die in kommunikativen Momenten aufscheint und unser normales Miteinander übersteigt. Diese Dimension des (idealen, also stets unerfüllten) Politischen erinnert uns daran, dass wir selbst Sorge dafür tragen müssen, einen öffentlichen Raum zur demokratischen Selbstbestimmung zu schaffen.

Die Institutionalisierung von Bürgerbeteiligung ist ein wichtiger Schritt in Richtung partizipative Demokratie. Nur durch eine nachhaltige Institutionalisierung würde sowohl ein gesellschaftlicher Lernprozess als auch ein Wandel des normativen Rahmens für kollektives Handeln in Gang kommen, der das politische System tatsächlich transformiert. Es reicht nicht, der alten Fassade eines weitgehend entpolitisierten demokratischen Systems einen zeitgemäß partizipativen Anstrich zu verleihen, sondern der Politikmodus muss sich insgesamt ändern, wie wir im nächsten Kapitel darlegen möchten.

Kapitel 3

Politikmodus – Vom Geist der Kooperation

Wer beraten und sich beraten lassen will, ist auf eine offene, kooperative und vertrauensvolle Einstellung aller Beteiligten angewiesen. Viele kritische Stimmen werden diese Vorannahme der Konsultative welt- und wirklichkeitsfremd finden und auf die »Defektoren« verweisen, also auf die Spielverderber, die in gemeinsamer Anstrengung erreichbare Vorteile für alle mit dem Versuch durchkreuzen, möglichst viel für sich auf Kosten anderer herauszuholen. Uns ist natürlich klar, dass die Welt oft genauso funktioniert. Trotzdem ist es noch lange nicht naiv, andere Verhaltensmuster in Betracht zu ziehen.

Homo cooperativus

Der Homo cooperativus, der sich an Gemeininteressen ausrichtet, ist keine idealistische Spekulation, die an der Vorherrschaft eigennütziger Spiele und sozialer Dilemmata zerbricht, wie oft in Wissenschaftszweigen wie dem Behavioralismus ausgeführt wird. Homo oeconomicus und homo cooperativus sind heuristische Hilfstitel, welche die Komplexität menschlichen Strebens und Handelns einfangen. Kooperationsfähigkeit hat sich im Allgemeinen als vorteilhaft erwiesen und sich aus dem egoistischen Eigeninteresse der Individuen heraus entwickelt.[71] Auch spieltheoretische Ansätze zeigen, dass Kooperation zwischen egoistischen, rationalen und strategisch handelnden Menschen möglich ist.[72] »Reiner« Altruismus ist dafür nicht notwendig, aufgeklärtes Eigeninteresse reicht.[73] Aber sogar der bislang als unbewiesen geltende »genetische Altruismus«[74] wird heute als ebenso wahrscheinlich anerkannt wie die empathisch bedingte Kooperationsfähigkeit des Menschen.[75] Das vorsichtige Fazit der am »Centre for Global Cooperation Research« zusammengeführten Ansätze aus diversen Disziplinen zeigt, dass der Mensch für die Kooperation befähigt ist und sie entweder spontan oder nach rationaler Überlegung ausüben kann. Der Mensch ist potentiell eigennützig wie altruistisch, sicher aber ein entwicklungsfähiges Geschöpf mit einem komplexen, sich entfaltenden Telos. Seine letzte Bestimmung hängt davon ab, wie er mit seinen Mitmenschen zusammenwirkt. Menschen praktizieren auch den Gabentausch, eine nicht auf Nutzenmaximierung angelegte soziale Interaktionsform, die man selbst in der »Anarchie der Staatenwelt« antreffen kann.[76] Aber diese Anlage zu gutwilliger Kooperation wird oft durch institutionelle Fehlarrangements durchkreuzt.

Schon einfache sprachliche Kommunikation funktioniert nicht ohne den Schmierstoff der Kooperation, genauer: der kooperativen Interpretation eines Wortes im jeweiligen Kontext seiner Verwendung. Nur der Dialog[77] – und nicht unbedingt der argumentative Diskurs – trägt der Individualität des Adressaten Rechnung. Kooperation und Dialogfähigkeit setzen wiederum Empathie voraus. Verstanden als Achtsamkeit und Empfänglichkeit für andere Menschen, geht Empathie unseres Erachtens über ein rein kognitives Verständnis hinaus, wie in der politischen Theorie lange angenommen wurde.[78] In jüngster Zeit gibt es diverse Versuche, den Stellenwert und die Dynamik von Gefühlen in der Politik philosophisch zu begründen. So verleiht beispielsweise für Martha Nussbaum die Liebe zu den Mitmenschen und zum Vaterland die Motivation, sich für den Bestand und das Gedeihen der (eigenen) Gesellschaft einzusetzen und Gerechtigkeitsvorstellungen zum Durchbruch zu verhelfen.[79] Sharon Krause geht davon aus, dass die Einbeziehung der Gefühle anderer uns besser moralisch urteilen lässt.[80] Uns geht es weniger um die Einbeziehung von Emotionen in die Politik als vielmehr um eine pluralistische Erweiterung des Begriffs politischer Rationalität. Es geht darum, die Engführung einer Rationalität aufzubrechen, die seit der Moderne die Innerlichkeit ins Private verbannt hat. Instrumentell und rational sind wir im öffentlichen, empathisch und ästhetisch nur im privaten Leben. Es gilt, auch im Raum des Politischen die Unversöhntheit von Rationalismus und Romantik, äußeren und inneren Werten zu überwinden.[81] Der pragmatischen Perspektive von Jane Mansbridge, dass der demokratische Weg zum Gemeinwohl über Kooperation und Empathie führt, schließen wir uns an: »Empathie kann dazu führen, dass wir das Wohl eines anderen zu unserem eigenen machen. Individuelle Interessen überlappen nicht nur; getrennte Individuen verschmelzen gewissermaßen zu einem«.[82] Das Eigeninteresse durch einen kollektiven, empathischen Lernprozess in ein allgemeines Ziel zu überführen heißt aber nicht, seine eigenen Interessen am Ende zu beschneiden. Wenn das Gemeinwohl zum individuellen Anliegen wird, ist es auch mein Wohl. Eine hilfreiche Analogie ist die kooperative Verwaltung von Gemeingütern, die die Nobelpreisträgerin Elinor Ostrom als »commons« definiert hat.[83] Die empirische Demokratie-, aber auch die Deliberations- und Partizipationsforschung kümmern sich bislang (zu) wenig um die konzeptionellen und normativen Voraussetzungen des Gemeinwohls in der kollektiven Willensbildung und politischen Entscheidungsfindung.

Anschaulich beschreibt Richard Sennett das Verhältnis von Kooperation und Empathie am Beispiel des gemeinsamen Musizierens: Bei einer Probe bemerkt eine Cellistin, dass ihre Kollegen eine bestimmte Tonfolge ganz anders interpretieren. Sie ist aufmerksam, bemerkt den Unterschied und erkennt ihn als solchen an. Obgleich die Musiker möglicherweise dennoch nicht zu einer identischen Interpretation des Stücks gelangen, werden sie sich ihrer eigenen Sichtweise stärker bewusst und entwickeln ein besseres Verständnis füreinander. Erst durch die »kleinen Dramen der Unterordnung und Selbstbehauptung« wird das gemeinsame Musizieren zum Vergnügen.[84] Aus dem ergebnisoffenen, dialogischen Austausch ziehen sie Erkenntnisse und Vergnügen, ohne sich zu einer Übereinstimmung zu zwingen. Kooperation und Dialogfähigkeit setzen also Neugier voraus und die Fähigkeit, aus sich selbst herauszugehen. Aber sie erfordern weder, dass ich so sein muss wie die anderen, noch dass meine Ansichten am Ende mit denen der anderen übereinstimmen. Allerdings immunisieren sie gegen einfache Wahrheiten und populistische Kurzschlüsse.

Kooperation und Partizipation als Modi gemeinsamer Gestaltung stehen klar im Gegensatz zu den Privatisierungs- und Individualisierungstendenzen der heutigen Gesellschaft samt dem dazugehörigen, von Konkurrenz geprägten Denken. Wir knüpfen an die konvivialistischen Gegentendenzen der letzten Jahre an: Menschen engagieren sich vielfach für Gesellschaft und Umwelt, oft aus Sorge um ihre Zukunft und die ihrer Enkel, und handeln dabei verpflichtende Lebensformen aus. Die Herausforderungen, vor denen wir als Menschheit stehen, lassen sich immer weniger von Einzelnen lösen, sondern müssen verschiedene Positionen und Wissensdisziplinen integrieren. Sie bedürfen eines gemeinsamen Bewusstseins und einer gesellschaftlichen Intelligenz, die kooperativ und partizipativ hergestellt werden. Untersuchungen von Larry Leifer am »Stanford Centre for Design Research« oder von Alex Pentland am »Massachusetts Institute of Technology« (MIT) zeigen, dass lineare Denkmuster im Zeitalter komplexer, vernetzter Systeme ausgedient haben und dass die Problemlösungskompetenz des Kollektivs jener der Einzelnen überlegen ist.

In ihrem Essay »Wahrheit und Politik« entwickelt Hannah Arendt die Idee der erweiterten Denkungsart, die einer vermeintlich feststehenden Tatsache aus einer jeweils anderen subjektiven Perspektive nachgeht.[85] Die Fähigkeit, sich selbst die Perspektivität der Welt zu vergegenwärtigen und die verschiedenen Blickwinkel zur Kenntnis zu nehmen, aus denen eine Sache beurteilt werden muss, ist für Arendt das politische Denken schlechthin. Sie fordert uns auf zum öffentlichen Streit um die gemeinsame Sache, durch die unsere politische Welt immer neu erzeugt wird. Vor diesem Hintergrund liegt die Bedeutung dialogischer Auseinandersetzung in Beteiligungsverfahren darin, kontrastierende Weltsichten und unterschiedliche

Werthaltungen sichtbar zu machen, zum Beispiel in Bezug auf Prinzipien guten Lebens oder auf den Schutz der Umwelt. Durch Partizipation erlangen Menschen die Fähigkeit, als Bürgerinnen und Bürger gemeinsame Zukunftsvorstellungen zu entwickeln.

Unsere Überzeugung ist, dass eine in breiten Teilen der Bevölkerung vorhandene sozial-kooperative Verhaltensdisposition nun aber institutionell gestützt werden muss, unter anderem durch partizipatorische Verfahren, die sich das menschliche Vermögen zur Empathie,[86] zu Vertrauen[87] und Kooperation[88] beziehungsweise Kollaboration[89] sowie das Streben nach Vergemeinschaftung[90] zunutze macht. Die von uns vorgeschlagene institutionalisierte Konsultative soll diese Haltung unterstützen.

Nehmen wir das immense Problem des Klimawandels. Er bedroht die Zukunft der Welt, wie wir sie kennen. Der fossile Wachstumspfad mit seinem enormen Energie- und Ressourcenverbrauch gefährdet massiv die Lebensgrundlagen und Entwicklungschancen zukünftiger Generationen. Warum zeitigt diese von vielen geteilte Überzeugung keine politischen Konsequenzen? Scott Barrett hat in seinem grundlegenden Buch *Why Cooperate?*[91] gezeigt, dass dem gemeinsamen Bestreben, gefährlichen Klimawandel zu verhindern, weniger der Unwille zur gemeinsamen Aktion und Koordination entgegensteht als eine von ihm als untauglich deklarierte institutionelle Struktur. Die Herausforderungen werden wir mit dem altbekannten linearen Prozedere von Analyse – Planung – Umsetzung möglicherweise nicht bewältigen. Einzelne – seien es auch noch so kluge politische Mandatsträger, Führungskräfte in Wirtschaft und Verwaltung oder Experten und Wissenschaftler – werden Lösungen nicht am Reißbrett finden. Zudem lässt sich die professionalisierte Politik nicht mehr so einfach von den Lebenswelten der Bürger abkoppeln: Umweltpolitische Planungen, die Betroffene bei der Suche nach Lösungen nicht einbinden, scheitern häufig. Trotzdem fällen Mandatsträger und Vertreter aller Parteien weiterhin Entscheidungen in endlosen Abstimmungsschleifen, meist durch kurzfristig nutzenorientierte Kompromissbildung zwischen vermeintlich allen vorhandenen Interessen, wobei sie reflexhaft vor allem ans eigene Land in der laufenden Legislaturperiode denken. Selbstverständlich nehmen sie dabei manche Interessen wichtiger als andere, oft genug geleitet vom Glauben an die Alternativlosigkeit und den Sachzwang. Sollen Emissionen reduziert werden, wird auf kurzfristige Sichtweisen von Wirtschaftsakteuren Rücksicht genommen oder auf Lobbygruppen gehört, die sich als Sprachrohr des Allgemeinwillens gebärden. Ganz unberücksichtigt bleiben dabei künftige Generationen, die aber vom Klimawandel unweigerlich betroffen sein werden.

Generationengerechtigkeit

Die für eine erfolgreiche Bekämpfung des Klimawandels dringend benötigte nachhaltige Transformation von Wirtschaft und Gesellschaft ist deshalb ohne die Mitwirkung aller nicht denkbar. Es bedarf eines vielfältigen Engagements von Bürgern, Experten, Unternehmern und Politikern, um unserer Verantwortung für den blauen Planeten und den Menschen in anderen Teilen der Welt gerecht zu werden. Wenn die gegenwärtige Ausübung unserer Freiheit die Möglichkeiten der Zukunft einschränkt, so müssen verantwortungsvoll nicht nur intra-, sondern auch intergenerationelle Gesichtspunkte in heutige Entscheidungen einbezogen werden. In einer vorsorgeorientierten Politik müssen auch die eigene Unkenntnis und negative Zukunftsszenarien politisch bedacht werden. Dies ist zum Beispiel bei der Nutzung von Kernenergie und der Lagerung radioaktiver Abfälle jahrzehntelang versäumt worden. Wer glaubt, dass Expertinnen und Experten Fragen zu gesundheitlich verträglichen Strahlungsgrenzwerten oder zu Risiken eines Endlagers abschließend klären könnten, hat sich offensichtlich geirrt. Ein linearer Entscheidungsmodus greift auch bei vermeintlich rein technischen Zusammenhängen zu kurz, denn erstens steht fast jeder fachlichen Expertise unentscheidbar eine Gegenexpertise gegenüber und zweitens müssen Sachfragen immer zugleich von politischen und moralischen Gesichtspunkten aus betrachtet und bewertet werden. Sollen also wissenschaftliche Wahrheiten all jene Funktionen erfüllen, die von ihr in politischen Entscheidungsprozessen wie die zur Endlagersuche oder Bekämpfung des Klimawandels erwartet werden, kann diese nur in einem wechselseitigen Lernprozess zwischen Wissenschaft, Politik und Gesellschaft »demokratietauglich« und kooperativ erzeugt werden. Dabei geht es freilich auch darum, sich über die systematische Gegenwartsdominanz der Politik zu erheben und die langfristigen Folgen unseres Handelns in den Blick zu nehmen.

Die »Große Transformation«[92] verlangt zwei Arten von Überschreitung des gewohnten Horizonts liberaler Demokratien: den Blick auf die interdependente Weltgesellschaft (transnational) und die Fürsorge für künftige Generationen (transgenerationell). Die räumlichen und die zeitlichen Erweiterungen unserer Denkungsart spielen in den philosophischen Grundsatzdebatten der letzten Jahre eine zunehmend bedeutende Rolle. Die Frage ist, ob dies mehr sein kann als nur eine Phrase und selbstgerechte Rhetorik, also ob sich die Reichweite praktischer Politik tatsächlich verschiebt und die Inklusion von Menschen bewirkt, die aus konventioneller Perspektive »unsichtbar« sind. Hilfreich mag sein, dass viele Politikfelder, speziell Umwelt und Klima, Soziales und Gesundheit, Steuern und Haushalt, heute bereits unter einem »futurischen« Vorzeichen stehen, wenn Politikziele (typischerweise solche der Begrenzung, wie zum Beispiel der Bremsung von Neuverschuldung) mit konkreten, in nicht allzu ferner Zukunft liegenden Jahreszahlen etikettiert werden. So sieht die mittelfristige Finanzplanung von Bund und Ländern bis in die 2020er Jahre ausgeglichene Haushalte vor, und die G7-Staaten haben 2015 beschlossen, die Emission von Treibhausgasen bis 2070 auf null zu fahren, mit ebenso ehrgeizigen Zwischenzielen und Verpflichtungen. Dieser zugegeben vagen Zukunftsorientierung von Politik fehlt allerdings ein weiteres Vorzeichen: der Retroblick des Futur II, der heute lebende Menschen darauf einstellt, was sie zu einem bestimmten Zeitpunkt in der näheren und mittleren Zukunft getan haben werden.

Von besonderem Interesse ist für uns deshalb die »Surrogatrepräsentation« künftiger Alterskohorten, die schwierige gerechtigkeitstheoretische Fragen aufwirft: Im Blick auf die demografische Entwicklung wird meistens nur die temporale Generationengerechtigkeit diskutiert, also Gerechtigkeit zwischen jungen, mittelalten und älteren Menschen, die heute miteinander leben. Es muss aber in der Politik gelingen, von dieser Gleichzeitigkeit der Ressourcenverteilung zwischen jetzt lebenden Alterskohorten umzuschalten auf die Ungleichzeitigkeit verschiedener Generationen. Generationengerechtigkeit verstehen wir somit als die Gerechtigkeit zwischen Menschen, die früher lebten, die heute leben und die zukünftig leben werden. »Generationengerechtigkeit bedeutet konkret, dass die heute Jungen und nachfolgenden Generationen gleichwertige Lebensgestaltungschancen besitzen sollen, wie die gegenwärtig gesellschaftlich und politisch verantwortliche Generation«.[93]

Eine Reihe von Fragen liegt auf der Hand: Sind wir kommenden Generationen überhaupt etwas schuldig? Wenn ja, wie groß ist der Umfang unserer Pflichten? Reicht es, wenn wir kommenden Generationen in etwa so viel hinterlassen, wie wir selbst haben? Oder sollten wir danach streben, unseren Kindern ein besseres Leben zu ermöglichen? Was ist eigentlich ein »besseres Leben«? Auf welche Ressourcen oder Güter beziehen sich unsere intergenerationellen Pflichten? Manche meinen, dass diese Ausrichtung auf die Rechte künftiger Generationen ihre Freiheit einschränkt. Viele Eltern dagegen tun aber beispielsweise alles, damit ihre Kinder studieren oder ein hypothekenfreies Haus beziehen können. Der häufig anzutreffende Verzicht auf aktuellen Konsum zur Wahrung und Erhöhung der Chancen künftiger Generationen ist ein Beleg dafür, dass es nicht per se weltfremd ist, deren mögliche Interessen in Betracht zu ziehen. Dies geschieht durch die Vererbung materieller Güter, aber auch die ideelle Ausstattung von Kindern in einem Bildungs- und Erziehungsprozess werden Eltern als ihre selbstverständliche Aufgabe ansehen. Die Beispiele sollen dazu dienen, aus der im Kern familiär-verwandtschaftlichen Beziehung zwischen Eltern und Kindern zu lernen für eine abstraktere Beziehung zwischen Fremden und im eben erörterten Sinne »Unsichtbaren«.

Wir behaupten also, dass unsere Kooperationsfähigkeit weitaus entwickelter ist, als es die herkömmlichen politischen Institutionen unterstellen. Wie ließe sich da der kooperative Modus institutionalisieren? Wie könnten in der Demokratie öffentliche Räume für eine bessere Zusammenarbeit, Räume der orts- und zeitübergreifenden Reflexion geschaffen werden? Und wie könnte man die »Weisheit der Vielen« nutzen, die ein Thema von allen Seiten beleuchtet, und das meist weniger kurzfristig und bedachter, als es ein professionalisierter Politiker allein vermag.[94] Zunächst müssen wir unseren Fokus von den Inhalten (»policies«) ein gutes Stück zu den Prozessen und Verfahren (»politics«) verschieben, das heißt die Frage stellen, wie wir uns als politisches Gemeinwesen organisieren wollen. Der erste Schritt dahin ist sicherlich, das verstärkte gesellschaftliche Engagement der Bürgerinnen und Bürger in politische Entscheidungsprozesse zu transferieren, also eine institutionalisierte Repolitisierung zu ermöglichen. Die Erkenntnis, dass es den »Faktor Wir«[95] braucht, um Wertekonflikte auszutragen und kollektiv handeln zu können, ist dabei zentral. Nur so kann soziales Lernen, die Erneuerung und gelegentlich die »Vertiefung« oder Erweiterung einer politischen Gemeinschaft gelingen.[96] Dazu müssen alle Beteiligten wirklich gewillt sein, zuzuhören, nicht sofort zu urteilen und zu glauben, bereits die Antwort auf die Fragen zu kennen. Innovative Lösungen entstehen nur dann, wenn man sich auf unbekanntes Terrain begibt und bereit ist, sich auf Nicht-Wissen einzulassen. Dafür braucht es partizipative Ansätze und Methoden, die kollektive Intelligenz und vertrauensvolle Beziehungen nutzbar machen.[97] Sie bauen auf die Kreativität der Teilnehmenden und eignen sich auch Fragestellungen an, bei denen bereits die Problemdefinition Emotionen auslöst.

FÜR EINE NEUE PARTIZIPATIONSKULTUR
GROßE ZUKUNFTSAUFGABEN
REPARIEREN:
INFRASTRUKTUR
DIGITALISIEREN:
SCHNELLES INTERNET
ENTWICKELN:
ENERGIEWENDE
LEGISLATIVE
EXEKUTIVE
JUDIKATIVE
L
E
J
ENTSCHEIDUNGS-PROZESSE
ACH, DA FÄLLT UNS SCHON NOCH ETWAS EIN.
REPRÄSENTATIVE DEMOKRATIE
KRISE?
NUR NOCH RITUAL?
ALTERNATIVLOS?
Die Art, wie man es macht, ist entscheidend
PARTICITAINMENT
ELEND ODER GLANZ
PARTICIPATORY REVOLUTION
SEIT 1960
MEHR DEMOKRATIE
durch
die VIERTE GEWALT
ZEIT für...
AUTOKRATEN
POPULISTEN
ICH BIN DER EXPERTE!
TECHNOKRATEN
WUT
ABER KEINE VERBESSERUNG
vom WUTBÜRGER zum MUTBÜRGER
EIN VORSCHLAG, DIE DEMOKRATIE ZU VERBESSERN

Illustration: Christoph J Kellner

Kapitel 4

Institution – Zukunftsräte als Arenen der Generationenpolitik

Im zweiten Kapitel haben wir die Reichhaltigkeit der Einrichtungen und Verfahren partizipativer Demokratie erörtert. Diese seit den 1960er Jahren weltweit gewachsene Beteiligungssphäre kann man als Konsultative zusammenfassen und als vierte Gewalt bezeichnen. Damit kommen wir zum Kern unseres Vorschlags – zu den Zukunftsräten. Zum Einstieg bieten wir eine Arbeitsdefinition für die lokale Ebene an:

Ein Zukunftsrat ist eine *dauerhafte* Einrichtung einer Gemeinde oder eines Stadtteils, die *wichtige Zukunftsfragen* identifiziert und Lösungsvorschläge ausarbeitet. Einem Zukunftsrat gehören *15 bis 20 zufällig ausgewählte Personen* an, welche die lokale Bevölkerung *annähernd* und vor allem in ihrer *Generationenmischung abbilden*. Die Mitwirkenden treffen sich *regelmäßig* und erhalten eine maßvolle *Aufwandsentschädigung*. Die *Amtsperiode* des Zukunftsrates beträgt zwei Jahre, er wird von einem Team von Verwaltungsmitarbeitern mit *Moderationserfahrung* unterstützt, die auch an der *Geschäftsführung* mitwirken.

Bevor wir die kursiven Passagen näher erläutern, soll noch einmal die Grundidee der Zukunftsräte rekapituliert werden. Sie zeichnen sich vor allem durch zwei Elemente aus – die Institutionalisierung von Bürgerbeteiligung und ihre ausdrückliche Zukunftsausrichtung auf kommende Generationen, also auf komplexe mittel- und langfristige Probleme, derer sich eine nachhaltige Politik nach allgemeinem Dafürhalten annehmen muss.

Unser Vorschlag greift auf langjährige praktische Erfahrungen mit Bürgerbeteiligung zurück.[98] Dabei tauchte immer öfter die Frage auf: Wie kann man hier ein Stück mehr »Zukunft« hineinbringen? Was sind die »großen Zukunftsthemen«, die in einem Meer von Problemen die wirklich relevanten sein dürften? Zukunftsräte können vor allem das große, in der Theorie wie in der politischen Praxis bisher wenig bearbeitete Thema der Generationengerechtigkeit in den Alltag der Politik übersetzen. Im Klimawandel und im Artensterben, auch mit der globalen Schuldenkrise und der weltweiten Migration hat es längst konkrete Gestalt angenommen, so dass es geboten scheint, möglichen Folgen für Kinder und Kindeskinder in *heutigen* Entscheidungsprozessen mehr Gewicht zu geben. Konzepte der Sozial- und Umweltverträglichkeit haben sich eingebürgert und werden konkret überprüft, wir regen ergänzend eine Prüfung der Zukunftsverträglichkeit heute getroffener Entscheidungen an.[99]

Nicht zuletzt kann eine Vernetzung von Zukunftsräten auf den verschiedenen Etagen des politischen Geschehens – Gemeinde, Region, Nation, Europäische Union – auch einen Beitrag zur Lösung der »Mehr-Ebenen-Problematik« leisten, sich also mit dem Umstand auseinandersetzen, dass viele lokale Gegebenheiten mit Instanzen »höheren Orts« verflochten sind und ebenso viele globale Probleme nur in ihren jeweils lokalen Erscheinungsformen zu bearbeiten sind. »All politics is local and has global effects«, könnte man das provinzielle Motto US-amerikanischer Politik ergänzen und die »Glokalisierung« der Welt auf eine Formel bringen.

Beide Aspekte – Institutionalisierung und Zukunftsausrichtung – werden im Titel »Zukunftsräte« zusammengeführt. Und weil sich alle Theorie in den Mühen der Praxis immer erst beweisen muss, möchten wir die Idee der Zukunftsräte nun möglichst konkret ausbuchstabieren.

Agenda: Worüber beraten Zukunftsräte?

Klassische Themensetzer waren in der Vergangenheit die Parteien (deren Funktion ja ausdrücklich die Willens- und

Meinungsbildung ist), ferner Parlamente, Ministerialbürokratien und die Medien. Es ist wohl deutlich geworden, dass die Stimmen der Bürgergesellschaft in dieses Konzert hineingehören und am Agenda-Setting beteiligt werden müssen.

Kennzeichen konventioneller Bürgerbeteiligung ist, dass sie meist lokal ansetzt und punktuell bleibt. Der Anstoß für das Gros der Proteste und häufig auch Beteiligungsverfahren sind mittlere und größere Infrastrukturvorhaben, die in der Regel verhindert werden sollen: Der Bau der neuen Startbahn eines Flughafens, einer Umgehungsstraße, einer Müllverbrennungsanlage oder einer Stromtrasse sollen abgewehrt werden. Das Engagement der beteiligten Bürgerinnen und Bürger richtet sich also meist auf einen identifizierbaren Missstand, ein konkretes, unliebsames Projekt.

Nicht selten ist das Projekt an sich durchaus erwünscht, wenn es etwa infrastrukturelle Vorteile in der Zukunft verspricht, aber es soll bitte nicht im eigenen Vorgarten angesiedelt sein. Viele machen sich über diese nach dem heiligen Florian benannte Haltung (»Heiliger Sankt Florian/Verschon' mein Haus/Zünd' and're an!«) lustig. Doch der Spaß hört auf, wenn eine Stromtrasse den Wert der eigenen Immobilie zu beeinträchtigen droht oder eine Flüchtlingsunterkunft gleich um die Ecke entstehen soll. Will sagen: Derartige Konflikte gibt es überall und sie sind nicht illegitim. Denn welche wenigstens immaterielle Prämie bekommen eigentlich Bürgerinnen und Bürger, die eine Einbuße ihrer gewohnten Lebensumstände hinnehmen sollen?

Bürgerproteste und Beteiligungsverfahren dieses Zuschnitts leiden oft unter der gleichen kurzfristigen Gegenwartsfixierung, wie sie der Berufspolitik vorgeworfen wird. War der Kampf gegen ein missliebiges Projekt erfolgreich, bricht die Mobilisierung in der Regel ab, im Fall eines Misserfolgs obsiegt oft die Frustration, die sich womöglich gegen den politischen Betrieb und demokratische Prozeduren ganz allgemein richten kann.

Der von uns angeregte Zukunftsrat soll sich hingegen dauerhaft mit langfristigen Problemen und Projekten (in einem zeitlichen Rahmen von mindestens zehn Jahren) befassen, die künftige Generationen (beginnend mit den heute bis zu 20-Jährigen) mit großer Wahrscheinlichkeit tangieren werden, auch wenn sich das noch nicht in manifesten Interessenkonflikten gezeigt hat. Diese Ausrichtung zielt gegen den herrschenden »Präsentismus« von Politik, der sich auf die nächste Wahl, die letzte Umfrage und die anstehende Quartalsbilanz bezieht.

Ein historisches (und schlagendes) Beispiel dafür, wie stark Entscheidungen einer parlamentarischen Mehrheit später Geborene betreffen, ist die weit verbreitete Ignoranz gegenüber der Lagerung von hochradioaktiven Abfällen aus Atomkraftwerken, die auf Grund ihrer langen Halbwertszeiten jahrzehnte- oder sogar jahrhundertelange Aufmerksamkeit erfordern, also den menschlichen Denkhorizont weit übersteigen. Nur oberflächlich wurden die Sicherheitsrisiken und -vorkehrungen in den Parlamenten diskutiert; man verließ sich lieber auf den Rat von Experten, dessen Einseitigkeit und Kurzsichtigkeit sich schon bald erwiesen.

Die friedliche Nutzung der Kernenergie war in Deutschland und anderen Ländern eines der stärksten Mobilisierungsmotive für außerparlamentarische Bürgerinitiativen und -proteste. Das ungelöste Problem der Endlagerung stellen wir uns in der Tat als ein wichtiges Thema für Zukunftsräte auf allen Ebenen vor: lokal an den in Erwägung gezogenen Standorten, auf Länder- und Bundesebene und im Sinne einer künftigen Energieunion auch auf EU-Ebene. Hier endet das legitime Protestmotiv, keinen strahlenden Müll vor der eigenen Haustür zu akzeptieren, und beginnt ganz konkret die Übernahme der Verantwortung für künftige Generationen, die der baden-württembergische Ministerpräsident Winfried Kretschmann auf die Formel gebracht hat: »Irgendwo muss das Zeugs ja hin!«[100]

In einem Zukunftsrat stehen neben aktuell pressierenden »Feuerwehrthemen« mit langer Reichweite weitere thematisch übergeordnete Fragen zur Erörterung. Beispiele sind der als »demografischer Wandel« bezeichnete Alterungsprozess zahlreicher Städte und Gemeinden, der, nachdem sich viele schon schrumpfen sahen, nun durch die Masseneinwanderung von

Flüchtlingen eine neue Dimension gewonnen hat. Wie man Millionen Flüchtlinge in ganz Europa menschenwürdig unterbringt und in die Mehrheitsgesellschaft aufnimmt, lässt sich wahrlich nicht ad hoc bearbeiten. Wo Wohnraum geschaffen, sozial gerecht verteilt und ästhetisch ansprechend ausgestaltet werden kann und wie kluge Raumplanung die Bildung von Ghettos verhindern soll und generell Mieten bezahlbar bleiben, darüber kann ein Zukunftsrat trefflich streiten und dazu Vorschläge machen.

An Themen herrscht kein Mangel. Eines ist der Abbau der privaten und öffentlichen Verschuldung, wie also angesichts hoher Schuldendienste notwendige Investitionen in Produktion und Infrastruktur gesichert werden können. Ein anderes betrifft die »Digitalisierung«, die Umstellung analoger auf digitale Informations- und Kommunikationstechnologien, die tiefgreifende Folgen für die Arbeitswelt, die Privatsphäre, den politischen Raum haben wird (auch für Formate der Bürgerbeteiligung selbst!). Nicht zuletzt könnten Zukunftsräte sich damit beschäftigen, wie man Gemeingüter wie Wasser und urbane Freiräume erhalten und wie man ökosystemische Großrisiken wie Klimawandel und Artensterben in den Griff bekommen kann.

Ist das nicht zu abstrakt, zu groß, zu stark auf externe Expertise angewiesen? Es geht gerade darum, Großtrends und »Megaprobleme«, vor denen »einfache Bürger« zu kapitulieren geneigt sind, lokal zu übersetzen und handhabbar zu machen. Nehmen wir die 17 »Sustainable Development Goals« (mit 169 Unterzielen!), die im September 2015 von den Vereinten Nationen in New York verabschiedet worden sind: Armut beenden, Ernährung sichern, Gesundheit stärken, Bildung für alle, Gleichberechtigung, Wasser und Toiletten für jeden, saubere Energie weltweit, gute Arbeit für alle, sozialverträgliche Industrialisierung, Ungleichheit mindern, lebenswerte Städte, nachhaltiger Konsum, umfassender Klimaschutz, Meere schonen, Naturvielfalt erhalten, friedliche Gesellschaften, weltweite Kooperation. Einige Themen scheinen so allgemein und diffus, dass alle sie bejahen können, bis es an die Umsetzung geht, andere zu weit weg vom reichen Europa. Doch die meisten bieten einen Anhaltspunkt für lokales Handeln und könnten die Auswahl konkreter Thematiken eines Zukunftsrats durchaus stimulieren.[101] Denn ein global verbindlicher Vertrag, der – wie am 11. Dezember 2015 in Paris beschlossen – die Erderwärmung auf höchstens zwei Grad Celsius begrenzen und langfristig zur vollständigen Dekarbonisierung führen soll, um gefährlichen Klimawandel zu verhindern, muss an Milliarden Orten weltweit umgesetzt und mit Leben erfüllt werden – mit ressourcenschonenden Lebensweisen, die nur lokal er- und vermittelt werden können.[102]

Manche Leserinnen und Leser werden gerade ein Déjà-vu-Erlebnis haben – war dies nicht schon die Zielsetzung der »Lokalen Agenda 21«, die nach dem Erdgipfel in Rio de Janeiro im Jahr 1992 eingeführt wurde? Genau, und diese könnte in der Tat heutige Zukunftsräte inspirieren, wenn weltgesellschaftliche Problematiken in einer Nord-Süd-Allianz verhandelt werden. Oft war die Agenda 21 zu stark an ein bestimmtes »grün-alternatives« Milieu gebunden, in den Gemeinden zu schwach verankert und meist durch kurzfristige Detailarbeit gebunden, aber viele Agenda-Prozesse funktionieren heute noch und es ist richtig, wenn die globale Dimension von vornherein mit auf der Tagesordnung von Zukunftsräten steht.

Halten wir fest: Bürgerinitiativen mobilisieren überwiegend Unterstützer zu Straßenprotesten, Petitionen und Bürgerversammlungen, während in Beteiligungsverfahren Bürgerinnen und Bürger mit ihrer speziellen Expertise, dem Lokalwissen, hervortreten, zum Beispiel um ein Planungsvorhaben effizienter zu gestalten. Der konsultative Mehrwert eines Zukunftsrates liegt darin, dass er ausdauernder berät als einzelne (maximal zweitägige) Planungszellen oder Zukunftskonferenzen.[103] Zukunftsräte befassen sich zusammenfassend mit der oft über Jahrzehnte dauernden Transformation einer Gemeinde oder einer Region.

Auf dem Weg dorthin können selbstverständlich alle denkbaren punktuellen Formen von Engagement, Selbstorganisation und Beteiligung eine Rolle spielen. Dabei sollten direktdemokratische Abstimmungen vorbereitet werden durch dialogorientierte Beteiligungsverfahren, um eine gemeinwohlorientierte und qualifizierte Willensbildung zu ermöglichen. Bekannte Beispiele solcher Verknüpfungen sind die Wahlrechtsreform im kanadischen Bundesstaat British Columbia 2004 und der isländische Verfassungsrat 2010.

Weisheit der Vielen: Was wissen Bürgerinnen und Bürger?

Ein Zukunftsrat ist wissensbasiert, darf aber kein wissenschaftliches Seminar sein. Anzustreben ist ein lebendiges Gremium, in dem sich die Meinungsvielfalt der Bevölkerung spiegelt, das also sehr unterschiedliche Vorstellungen von unserer gesellschaftlichen Zukunft ausdrückt, soziales Lernen ermöglicht, die Kreativität und die Weisheit der Vielen nutzt.

Gibt es denn eine »überlegene« Weisheit der Vielen? Die meisten würden dem spontan widersprechen und auf ausgesprochen dumme und unglückliche Mehrheitsentscheidungen verweisen. Das Demokratieprinzip, das jedem wahlberechtigten Menschen ungeachtet seiner Bildung und Urteilsfähigkeit dasselbe Stimmgewicht gibt, geht von einer solchen Weisheit aus.

An zwei ganz unterschiedlichen Beispielen kann verdeutlicht werden, wie solches Bürger-Wissen in die Konsultation politischer Prozesse einfließt:

Als in der traditionell vom Kohlebergbau beherrschten Ruhrgebietsstadt Bottrop eine Unternehmensinitiative (»Innovation City Ruhr«)[104] Maßnahmen der Gebäudesanierung und -dämmung auf den Weg bringen wollte, machten die betroffenen Wohnungseigentümer und Mieter Bedenken wegen der damit verbundenen Kosten geltend. Mit Hilfe von Modellrechnungen versuchten die Betreiber klarzumachen, dass kurzfristige Investitionen in neue Heizanlagen und Dämmmaterial sich mittelfristig rechnen und langfristig auszahlen würden – die grüne Lösung war auch die kostengünstigste, noch dazu abgefedert durch gute Finanzierungsangebote. Die Zielgruppe (rund 35 % der Haushalte in der Stadt) blieb dennoch skeptisch. Ein im Rahmen eines Forschungsprojekts vom »Kulturwissenschaftlichen Institut Essen« (KWI) durchgeführter Mehrgenerationendialog machte den Grund für die Zurückhaltung klar: die Unsicherheit, ob und wie die zur Sanierung anstehenden Immobilien künftig überhaupt noch zu nutzen sein würden, wenn nach aktueller Arbeitsmarktlage nicht zu erwarten war, dass Kinder und Kindeskinder als mögliche Erben in der Region verbleiben beziehungsweise neue Mieter oder Eigentümer interessiert sein würden. Das heißt: Von der energie- und kredittechnischen Ebene hatte sich die Problematik einer klimapolitisch sinnvollen Modernisierung verlagert auf die Frage, wo die Bevölkerung in Bottrop im Jahr 2030 stehen würde und welcher arbeits- und bildungspolitischen Initiativen es bedarf, um die Abwanderung der Kinder und Enkel zu verhindern. Dies ist wiederum nicht ad hoc und von einem einzelnen Bürgerrat zu lösen, sondern könnte unserer Meinung nach ebenfalls ein Thema für einen Zukunftsrat sein.[105]

Ein zweites Beispiel betrifft die gegenwärtig in ganz Europa vordringliche Herausforderung, eine große Anzahl von Flüchtlingen und Asylbewerbern aufzunehmen und entsprechende Unterkünfte bereitzustellen. Das österreichische Bundesland Vorarlberg hat dazu im Juni 2015 einen Bürgerrat einberufen, der zum einen fragt, wie Politik, Zivilgesellschaft und Bevölkerung gut mit dieser Situation umgehen, zum anderen, was diese von den Asylbewerbern erwarten können. Die Ergebnisse dieser Erörterungen sind Grundlage für die Auseinandersetzung der Landesregierung, des Landtages und der Vorarlberger Gemeinden mit diesem Thema.[106] Ein einzelner Bürgerrat kann das allgemeine Bewusstsein bilden und die öffentliche Meinung durch Information sensibilisieren, ja sogar konkrete Vorschläge bei der Suche nach Quartieren und der Betreuung von Neuankömmlingen machen. Wie sich hingegen die Bevölkerung verändert und das Zusammenleben in dem touristisch attraktiven Bundesland auf lange Sicht entwickeln wird, welche Bildungs-, Sozial- und Wirtschaftspolitik es hierfür braucht, ist eine mögliche Thematik für einen längerfristig tagenden Zukunftsrat. Hier verschiebt sich die »Feuerwehr«-Intervention pragmatischer Nothilfe auf ein mittel- und langfristig zu bearbeitendes Problem der wachsenden Interkulturalität europäischer Regionen, die schon zum »Schrumpfen« und »Altern« verurteilt schienen. Und wie sich beim Umgang mit Flüchtlingen gezeigt hat, waren schon bei der ersten Nothilfe das Bürgerwissen und die tatkräftige Unterstützung der Bürgergesellschaft unabdingbar.

Freilich ist es bei vielen Themen sehr wichtig, dem Zukunftsrat die nötigen Informationen an die Hand zu geben. Zum Beispiel bei der Endlagersuche oder Energiewende ist neben Alltagsverstand als wichtigstes Instrumentarium auch Planungswissen unbedingt nötig. Der Beteiligungsprozess »Demoenergie« hat gezeigt, dass dies nicht notwendigerweise einen schlichten Wissenstransfer von Umwelt- und technischen Experten bedeutet, sondern dass Fachleute gemeinsam mit Bürgern Stromtrassenvarianten ausklügeln können, die sie vor dem Prozess überhaupt nicht ins Auge gefasst hatten.

Wer startet Zukunftsräte, wer macht mit?

Bei den gerade genannten Beispielen waren die Initiatoren eine Gruppe von Wissenschaftlern, die ein demokratisches Experiment in Bottrop durchgeführt haben, und ein Büro für Zukunftsfragen, das in Vorarlberg seit über zehn Jahren Bürgerräte organisiert. Wir denken, dass die Initiatoren von Zukunftsräten zukünftig eher lokale Initiativen aus der Bürgergesellschaft oder Gemeindeverwaltung sein werden, wo bereits eine partizipative Kultur entwickelt ist oder wo ein Reformstau auf einen Engagementstau trifft. Wenn die zunächst unvertraut klingende Idee der Zukunftsräte Gestalt annimmt und in einigen Gemeinden zur Routine geworden ist, werden sich genügend Bürgerinnen und Bürger in anderen Gemeinden finden, die von sich aus beginnen und einen Zukunftsrat einberufen. Wünschenswert ist ebenso ein Anstoß durch »aufgeklärte« Gemeinderäte und -verwaltungen, die in Zukunftsräten eine wichtige Ergänzung und Bereicherung ihrer Arbeit sehen.

Die Einwände gegen Bürgerbeteiligung im Allgemeinen und Zukunftsräte im Besonderen haben wir im Ohr: »Die machen das schon« signalisiert Vertrauen in die gewählten Volksvertretungen und die zuständigen Verwaltungen, oder man bescheinigt die gegenteilige Erfahrung: »Auf den kleinen Mann hört sowieso niemand«. Zu hören ist öfter auch: »Dafür habe ich keine Zeit«, was die Prioritäten von Bürgerinnen und Bürgern für ihr Privat- und Arbeitsleben anspricht. Teilnehmende werden am Ende vor allem die wenigen Prozent sogenannter »Aktivbürger« sein, die diese Einwände und Ausreden nicht gelten lassen und mit ihrem Engagement andere mitziehen können. Die partizipative »Explosion« seit den 1960er Jahren belegt indessen, dass Engagement jenseits von Wählen und Schimpfen keine Rarität ist, sondern es eher an der institutionellen Einbindung mangelt. Freilich muss dabei aber immer darauf geachtet werden, dass nicht nur »Beteiligungseliten« angesprochen werden, denen die Vereinbarkeit von Arbeit, Familie und Engagement möglicherweise leichter fällt.

Ein bekannter Haupteinwand ist, dass es gar kein aufgestautes, ungenutztes Potenzial für Beteiligung gibt. In den letzten Jahrzehnten haben sich die Wählerschaften von weltanschaulichen Oppositionen weitgehend gelöst und von den politischen Polarisierungen der Industriegesellschaften entfernt. Ihnen mangelt es nun an einem handlungspraktischen und lebensweltlich gestützten Zugriff auf den politischen Betrieb und an argumentativen Alternativen, wenn es um die Zukunft der nächsten ein, zwei oder auch fünf Jahrzehnte geht. Wir machen uns über die Verfügbarkeit von Aktivbürgern keine Illusionen und wissen, dass Bekundungen guten Willens, wonach sich rund drei Viertel der deutschen Bevölkerung »mehr Mitsprachemöglichkeiten wünschen und bei Bürgerforen mitwirken wollen«,[107] oftmals Lippenbekenntnisse sind. Dennoch kann man diese Bedürfnisse als Grundlage für das Bemühen nehmen, geeignete Formate des Engagements zu finden und zu verankern.

Dabei sollte man übrigens die große Zahl und Bandbreite der ehrenamtlich tätigen Menschen nicht ignorieren, denn die Kluft zwischen Engagement und Partizipation ist nicht so groß wie oft angenommen.[108] Der Präsident der Berliner »Hertie School of Governance«, Helmut Anheier, weist auf an den vermeintlichen Rändern der politischen Systeme angesiedelte Menschen hin, die sich in kleinen (Bürger-)Stiftungen tummeln. Dort agieren über 50.000 Ehrenamtliche, zumeist formal besser Gebildete aus der Mittel- und Oberschicht, die in ihren persönlichen Netzwerken jeweils bis zu 250 weitere Personen kennen. Wenn jeder siebte oder achte Bundesbürger in solchen Netzwerken mitwirkt, erbringt das hochgerechnet ein Potenzial von weit über zehn Millionen Menschen für engagementgestützte Beteiligung.[109] Wie bringt man diese Menschen dazu, über ein spezifisches Anliegen hinaus sozial innovativ zu sein, ebenso die Belegschaften von Betrieben, deren Beitrag zu technischer Innovation ebenfalls gemeinnützig ausgerichtet werden könnte.[110]

Bürgerengagement unterliegt erfahrungsgemäß lebens- und zeitgeschichtlichen Auf- und Abschwüngen. Ob und wofür nicht-professionelle Akteure Zeit, Geld und Empathie aufbringen, hängt von ihrer sozialen Lage und dabei stark von der Beanspruchung durch Arbeits- und Familienzeiten ab. Wenig fruchtet der abstrakte normative Appell »Engagiert euch!« (oder noch einmal mit Stéphane Hessel »Empört euch!«[111]), entscheidend ist der Umgang mit Enttäuschung in den unvermeidbaren Abschwungphasen der Beteiligung.[112] In repräsentativen Demokratien kann man in solchen Situationen die eigene politische Aktivität an Volksvertreter, Managementstrukturen und Führungspersonen delegieren. Parteien und ihre sogenannten vorpolitischen Organisationen wie Wohlfahrtsverbände, Kirchen und Gewerkschaften waren früher Auffangbecken und bestenfalls auch ein Erholungsbad, wenn Hochengagierte einmal eine Pause benötigten. Doch müssten sich die Parteien heute für diesen Zweck erheblich erneuern, da sie ihr altes Monopol der Meinungs- und Willensbildung verloren oder aufgegeben haben. Dagegen sind spontane, oft virtuelle Vergemeinschaftungen (»click democracy« wie change.org oder »associations without members« wie Greenpeace) auf dem Vormarsch.

Nicht zuletzt ist noch einmal die Frage nach dem Status von Zukunftsräten in der Gewaltenteilung eines repräsentativen demokratischen Systems aufzugreifen, weil der Verdacht aufkommen könnte, man solle diesen »Räten« ein imperatives Mandat verleihen, das die regulären Instrumente der Demokratie verdrängen würde. Das war historisch in zwei Spielarten der »Räterepublik« tatsächlich der Fall: Die Arbeiter- und Soldatenräte rissen im Übergang (und Chaos) vom Kaiserreich zur Weimarer Republik die lokale Gewalt an sich und setzten sowohl die Überreste der Monarchie als auch die parlamentarischen Gremien revolutionär außer Kraft. Davon ist der Zukunftsrat ebenso weit entfernt wie von der »Räterepublik 2.0«, die als Charakteristikum der rot-grünen Regierung unter Gerhard Schröder angesehen wurde, als mit der Hartz-Kommission, dem Nationalen Ethikrat und anderen Gremien der parlamentarische Beratungs- und Entscheidungsprozess durch fachliche Autorität »unterstützt« beziehungsweise ersetzt wurde.[113]

Wenn wir die Konsultative (das Netzwerk von Zukunftsräten und kurzfristigen Beteiligungsformaten zu konkreten Planungen oder Entscheidungen) als »vierte Gewalt« bezeichnen, streben wir damit weder eine technokratische noch eine revolutionäre Aushöhlung der demokratischen Gewaltenteilung und der repräsentativen Demokratie an, sondern ihre empathische und zeitgemäße Unterstützung durch dezentralen Bürgerverstand. Die Konsultative vermag in gewissem Umfang die Defizite bisheriger demokratischer Gremien zu kompensieren. Zukunftsräte gleichen etwa durch die Artikulierung von Wertekonflikten die zunehmende Entpolitisierung der Parteienpolitik wirkungsvoll aus und schützen davor, dass einseitige, aber gut organisierte Interessenträger (neudeutsch: »Stakeholder«) Schlüsselentscheidungen über unsere Zukunft für sich beanspruchen. Man denke hier zum Beispiel an die wachsende informelle Macht privatwirtschaftlicher Investoren bei der Stadtentwicklung (und die gerade dort auftretenden Fälle von »Klüngel« und Korruption).

Zudem wirken Zukunftsräte vor allem dem Missstand der strukturellen Überforderung politischer Akteure entgegen, indem sie Verantwortung für langfristige oder hochriskante Entscheidungen (mit-)übernehmen und dabei die Vielfalt der zu Repräsentierenden und deren konstruktive »Weisheit« nutzen.[114] Eine Kooperation zwischen Bürgerschaft, Politik, Experten und Verwaltung erweitert politische Handlungsspielräume erheblich und stärkt das demokratische Gesamtgefüge – allerdings nur, wenn Vertreter etablierter politischer Institutionen sich auch wirklich dazu bereit erklären, Beratungskompetenzen für Zukunftsfragen an die Bürger abzugeben, mit offenen Austauschprozessen souverän umzugehen, und eine klare Rückmeldung zu den Ergebnissen garantieren.

Wie groß sind Zukunftsräte, wie lange amtieren sie, wer wird beteiligt?

Sozialanthropologische Studien und Gruppenexperimente zeigen, dass soziale Interaktionen der von uns gewünschten Art bei einer Menge von mehr als circa 150 Personen kaum noch funktionieren. Soziale Gruppen von einer Größe um 25 Personen erlauben erfahrungsgemäß diffuse, aber relativ dauerhafte Beziehungen ihrer Mitglieder.[115] Man kennt sich, wenn auch nicht zu gut, man sieht sich häufiger und entwickelt ein gewisses Wir-Gefühl, das nicht auf Verwandtschaft, Freundschaft und persönlichen Beziehungen oder Abhängigkeiten beruht. Ein sozial Handelnder gehört einer Gruppe nur an, wenn er sich der Gruppe zugehörig fühlt, was wiederum von der Gruppe nicht zurückgewiesen, sondern aktiv bestätigt wird. Gesucht wird für die Zukunftsräte also eine förderliche Größe, die Cliquenbildung ebenso verhindert wie Zerfaserung und Unübersichtlichkeit, die allen eine Redemöglichkeit bietet und kreative Gruppenprozesse befördert. Bei Zukunftsräten plädieren wir für eine Größe von 15, maximal 20 Teilnehmenden, die auf höherer Ebene (Länder, Bund, EU) auf bis zu 40 bis 50 Personen wachsen kann.

Wenn partizipative Demokratie funktionieren soll, muss sie auf der einen Seite die unterschiedliche Engagementfähigkeit und -bereitschaft in einem Gemeinwesen in Rechnung stellen und auf der anderen Seite die Heterogenität der Bevölkerung im Auge behalten. Das kommt einer Quadratur des Kreises gleich: Wer sich auf Aktivbürger verlässt, wird den Querschnitt der Bevölkerung verfehlen, und wo nur unmittelbar Betroffene zusammenwirken, entstehen ebenso starke Repräsentationslücken. Ein Ansatz, Verzerrungen zu vermeiden, ist das Losverfahren, das die demokratische Praxis seit der Antike begleitet und neuerdings wieder als adäquate Methode in Erinnerung gerufen wurde.[116] Unser Vorschlag ist die Einladung der Mitglieder von Zukunftsräten per »qualifizierter Zufallsauswahl«.[117] Anzustreben ist dabei vor allem die Mischung von Altersgruppen. Das Mindestalter setzen wir bei 14 Jahren an, als ein erstes Politisierungsalter, in dem etwa die Schülermitbeteiligung einsetzt, für das auch schon die weitere Herabsetzung des Wahlrechts angeregt wurde.[118] Für das Höchstalter gibt es im Blick auf die große Gruppe engagementbereiter »silver agers« freilich keine Begrenzung.

Wichtig ist uns überdies eine annähernde Geschlechterparität, wobei Frauen im Bereich der unkonventionellen Beteiligung und vor allem in ehrenamtlichen Tätigkeiten den in der Partei- und Verbandspolitik anzutreffenden Rückstand längst aufgeholt und egalisiert haben. Ebenso zentral ist die Versammlung formal unterschiedlicher Bildungsgrade, und namentlich die hinreichende Mitwirkung von Menschen mit Migrationshintergrund.

Ab der Landesebene sollte auch ein gewisser regionaler Proporz vorliegen, da sich (nicht nur) in Deutschland Identitäten von Schwaben und Badenern, Rheinländern und Westfalen, Franken und Bayern stark gehalten haben. Selbst Vororte und Stadtteile können sehr eigene und gelegentlich antagonistische Wir-Identitäten ausbilden.

Damit erreicht man keine statistische Repräsentativität, aber einen ausreichend repräsentativen »Mini-Populus«[119] im Sinne einer ausgewählten Gruppe, die den Bürgerwillen zum Ausdruck bringt. Die Mitglieder eines Zukunftsrats vertreten nicht die Bürgerschaft, sie stellen sie dar.[120] Genauer: Sie verkörpern idealerweise die reale Vielfalt der Gesellschaft und ihre

Vorstellungen – kein abstraktes Gemeinwohl, sondern das plurale, öffentliche Meinungsbild.[121] Sicher kann eine 15 bis 20 Personen umfassende Gruppe Diversität und Dynamik einer Gesellschaft nur höchst unzureichend abbilden, aber bei einem genügend großen Stichprobenumfang[122] kann eine Zufallsrekrutierung die Heterogenität der Beteiligten gewährleisten und damit die Dominanz von Partikularinteressen abmildern.

Das Auswahlverfahren gleicht einer Tombola. Die Gemeinde stellt das Melderegister zur Verfügung, dem für die Zufallsauswahl unter Wahrung aller Aspekte des Datenschutzes rund 500 bis 1.000 Namen entnommen werden. Dann ergeht eine Einladung an die ausgewählten Personen, die via Hotline weitere Informationen erhalten können. Deswegen muss nach den oben dargelegten und zuvor priorisierten Kriterien (Alter, Bildungsgrad, Geschlecht, Migrationshintergrund und bei Zukunftsräten jenseits von Gemeinden auch regionale Verteilung) im Fall einer Ablehnung eine zweite, dritte und weitere Person mit den gleichen Merkmalen angeschrieben und für den Zukunftsrat rekrutiert werden.

Bei der Rekrutierung verhält es sich erfahrungsgemäß so, dass sich meist nur ein Bruchteil der zufällig ausgewählten potenziellen Teilnehmer bereit erklärt, an einem Beteiligungsprozess tatsächlich mitzuwirken.[123] Es scheint sich auch hier das eherne Gesetz der Oligarchie zu bestätigen, das der deutsch-italienische Soziologe Robert Michels schon zu Beginn des letzten Jahrhunderts als Generalproblem von Demokratien formuliert hat:[124] Bevölkerungsgruppen mit einem größeren Zeitbudget und höherer Bildung engagieren sich häufiger, und das gilt auch für neue Gremien wie einen Zukunftsrat. Um solche Effekte zu minimieren, wird man für einen Zukunftsrat ausgeloste bildungsferne (und möglicherweise sehr junge) Bürger gezielt ansprechen müssen, um sie zur Teilnahme zu ermutigen. Die deutsche Staatsangehörigkeit ist nicht zwingend erforderlich. Eine Aufenthaltsgenehmigung und eine Mindestaufenthaltsdauer von einem Jahr in der jeweiligen Gemeinde reichen im Fall von Migranten und Asylbewerbern, da gerade Neubürger oft gute Ideen mitbringen und durch ihr Engagement rasch in das Gemeinwesen integriert werden können.

Mit der bereinigten Zufallsauswahl kann man Bürger für die Zukunftsräte anwerben, die sich üblicherweise dafür schwer gewinnen lassen: Männer majorisieren in der Regel Frauen, formal höher qualifizierte und einkommensstärkere Gruppen sind meistens in der Überzahl und Menschen mit Migrationshintergrund fehlen oft. Doch neben ethnischer, sozialstruktureller und geschlechtlicher Ausgewogenheit kommt es im Zukunftsrat vor allem auch auf eine gute Mischung von Alterskohorten an: Menschen im Alter bis zu 30 Jahren, zwischen 30 und 60 und über 60-Jährige sollten im Zukunftsrat vertreten sein. Anzustreben ist nämlich ein »Mehr-Generationen-Dialog«. Genau wie sich heute »Mehr-Generationen-Häuser« bilden, damit sich Ältere und Jüngere selbstverständlich im Alltag begegnen und sich mit ihrer jeweiligen altersbedingten Kreativität, Sichtweise und Erfahrung unterstützen, gehen wir davon aus, dass »Zukunftsprobleme« nicht aus dem Blickwinkel einer einzigen Generation in den Griff zu bekommen sind.

Es wird immer Personen geben, die nach einigen Sitzungen des Zukunftsrats nicht wieder erscheinen. Das Beispiel von Schöffen und Laienrichtern zeigt Studien zufolge jedoch eine überraschend hohe Motivation und auch Bereitschaft zum Verzicht (auf Freizeit oder bestimmte Urlaubzeiträume). Das ist nicht erstaunlich, wenn man bedenkt, dass der Antritt zur Schöffenwahl ein grundsätzliches Engagement und eine ausgeprägte Motivation voraussetzt, was sie zu vorsichtigen, weniger spontanen Entscheidungen und wohlüberlegten Urteilen veranlasst. Die Analogie hat ihre Grenze darin, dass Schöffen einen »fremden« Fall mit Distanz betrachten können, während Angehörige von Zukunftsräten »ihren« Fall mit Leidenschaft behandeln.

Es wird darauf ankommen, für eine dauerhafte und nachhaltige Tätigkeit im Zukunftsrat zu motivieren und andererseits zu verhindern, dass Dauerzugehörigkeiten entstehen, was eine Begrenzung des Turnus geboten erscheinen lässt. Die im Zukunftsrat tätigen Personen sollen mindestens für die Dauer eines Jahres amtieren, können ein weiteres Jahr anschließen und dann, statt auszuscheiden, auf eine regional höhere Ebene aufsteigen oder im Falle eines Umzugs an anderer Stelle fortsetzen – oder zunächst aussteigen und eventuell später wieder dazukommen. Auch hier wird man natürlich Vorkehrungen gegen Klientelbildung und Korruption treffen müssen, etwa in Form einer zu Beginn der Tätigkeit abzugebenden Selbstverpflichtung nach den überarbeiteten Antikorruptions-Richtlinien, die man aus dem Geschäftsleben kennt.

Im Zukunftsrat mitzuwirken ist natürlich kein Hauptberuf, aber auch kein nebenbei zu erledigender »Job«; erforderlich ist eine hohe Motivation und eine im Beteiligungsprozess selbst wachsende Empathie für andere Gruppenmitglieder, ohne dass damit übermäßige Identifikationsleistungen verlangt werden. Es dürfte unvermeidlich sein, dass im Lauf einer Zukunftsratsperiode Meinungsführerschaften entstehen und ebenso das berüchtigte »Gruppendenken«, das den Blick aufs Ganze beeinträchtigt. Gemeinwohlverpflichtung und Geselligkeitsgefühl müssen in einem guten Verhältnis stehen, es handelt sich bei der Tätigkeit im Zukunftsrat idealerweise eher um »Arbeit« als um »Freizeit«, ist aber mehr »Neigung« als »Pflicht«.

Institutionalisierung: Wie nachhaltig arbeiten Zukunftsräte?

Wir befürworten die Einrichtung eines kleinen Initiativteams von hauptamtlich Tätigen in der kommunalen Selbstverwaltung (beziehungsweise der Landes- oder Bundesverwaltung), die möglichst kontinuierlich mit der Vorbereitung und Durchführung der Versammlungen des Zukunftsrats betraut sind. Idealerweise kommen dafür Personen mit professioneller Moderations- und Mediationserfahrung in Frage, also Menschen, die a priori weniger am Inhalt eines Themas interessiert sind als an der Form der Beratung oder des Konfliktes und seiner zielführenden Austragung.[125] Sie sind, wie jeder »beamtete« Mensch, keine politischen Neutren, aber sie treten neutral auf und sollten in der Regel in Kommunikationstrainings eine berufliche oder semi-berufliche Qualifikation erworben haben. Eine entsprechende Professionalisierung nimmt zu, denn auch unter Moderatoren und Supervisoren, Richtern und Mitarbeitern in Personalabteilungen, Organisationsberatern und Therapeuten stößt man auf steigendes Interesse an Bürgerbeteiligung.[126] Wünschenswert ist die Einrichtung von Aufbau- und Masterstudiengängen an Fachhochschulen und Universitäten mit entsprechenden Abschlüssen (wie der Masterstudiengang »Planung und Partizipation« an der Universität Stuttgart)[127] und eine relativ hohe Einstufung im öffentlichen Dienst.

Was ist die Aufgabe des Initiativteams beziehungsweise der Moderatoren? Sie stellen einen unterstützenden Rahmen zur Verfügung, der eine hohe Gesprächsqualität gewährleistet und es den Bürgern erlaubt, ihren Arbeitsprozess weitgehend selbstständig zu organisieren. Sie erarbeiten mit den Mitgliedern des Zukunftsrats die Ablaufstruktur und Gesprächsmethode, zum Beispiel den Kreis (»Circle«).[128] Diese »einfache« Kreisarbeit ist kulturübergreifend mit großer Wirkung eingesetzt worden. Sie befördert Präsenz, Beteiligung aller (auch von stillen Gesprächsteilnehmern), Konsensbildung und Verantwortungsgefühl. Moderatoren eröffnen die Sitzungen eines Zukunftsrats mit einer Eingangs- und beenden sie mit einer Abschlussrunde, in denen die Teilnehmenden im Kreis beispielsweise die Motive ihrer Beteiligung und ihre in der Diskussion gewonnenen Erkenntnisse miteinander teilen. Auf welche Weise durch gut gemachte Partizipation ein hohes Maß an Kreativität und Gemeinwohlorientierung freigesetzt wird, lässt sich kaum beschreiben, man muss es einmal und am besten häufiger erlebt haben. Wenn jedenfalls Berufspolitiker einer gut gemachten Beteiligung beiwohnen, haben sie regelmäßig ein »Aha-Erlebnis« und bekommen ein Gefühl für diesen kooperativen Politikmodus.

In den ersten Sitzungen erklären die Moderatoren die Partizipationsregeln, greifen – wenn der Diskussionsfluss stocken sollte – wichtige Kernsätze auf, bremsen Übereifrige, vermitteln bei Konflikten, fördern den Dialog, indem sie Schweigende bewegen, ihre Meinung zu artikulieren, fassen Erkenntnisse und offene Punkte am Ende zusammen und bedanken sich nach der Abschlussrunde bei den Teilnehmern. Ziel ist es, die selbstunterstützenden Fähigkeiten der Gruppe zu stärken und sich im besten Fall überflüssig zu machen. Wenn es in den Diskussionen eines Zukunftsrats darum geht, tieferliegende Wertekonflikte zu erörtern, braucht es möglicherweise kontinuierliche Begleitung und komplexere Gesprächsmethoden.[129] Im Allgemeinen zeigen Moderatoren, wie Konsense geschaffen und gefestigt, wie Temperamente unterschiedlicher Personen verbunden, deren Qualitäten entdeckt und gepflegt werden und damit die Vielfalt innerhalb der Zukunftsräte genutzt wird.

Viel wird davon abhängen, wie die Mitwirkenden am Zukunftsrat »ihre« Rolle finden. Es gibt »stille Wasser« und »große Schweigerinnen«, die am Ende mit strukturierenden Beiträgen hervortreten, es gibt »Vielredner«, die eine Gruppe lahmlegen können, ebenso wie »Rechthaber«, und es gibt auch regelrechte Zerstörer, die mit dem bisweilen unbewussten Ziel agieren, den Erfolg und das Wohlgefühl einer Gruppe zu unterminieren, aber unserer Erfahrung nach durch die partizipativen Methoden eines Zukunftsrats nach einigen Sitzungen ermattet zuhause bleiben dürften. Es gibt schließlich auch humorvolle Personen, die dem Klima der Gruppe guttun (wozu nicht die ewig blödelnden »Klassenclowns« gehören). Man wird aber auch mit einer natürlichen Autorität ausgestattete Meinungsführer und Personen finden, die sich auf einer reflexiven Ebene um den Zusammenhalt einer Gruppe kümmern. Sodann gibt es »Arbeitstiere«, die Vorlagen erstellen und sich durch Materialien wühlen, und »Spontaneisten«, die weiterführende Ideen erst im diskursiven Geschehen entwickeln. Diese (und viele weitere) Rollen zu einem zuträglichen Ergebnis zu führen ist für das Gelingen eines Zukunftsrats unabdingbar. Die Erfahrung zeigt: Gerade in kleinen Diskussionsgruppen ist die Heterogenität der Teilnehmer meist ein großer Gewinn für deren Kreativität und die Qualität der Arbeitsergebnisse.

Es ist eine Frage des Fingerspitzengefühls, wann sich Moderatoren zurückhalten oder stärker lenkend eingreifen sollen, damit die monate- oder jahrelange Arbeit der Bürger erfolgreich ist. Unterstützen sollten sie einen Zukunftsrat in jedem Fall bei der Visualisierung von Ergebnissen und generell bei der Ergebnissicherung, die am Ende einer Amtsperiode in verschriftlichten Empfehlungen bestehen sollte. Dabei können sie bei Formulierungen behilflich sein, bestimmte Fokussierungen vornehmen und Seitenstränge zunächst ausklammern. Wichtig ist aber, dass Moderatoren nicht in die Inhalte der Diskussion eingreifen, sondern sich auf die Prozessbegleitung beschränken und alle Informationen über die Planung, den Verlauf der Arbeit und die gruppendynamische Entwicklung des Zukunftsrats kontinuierlich an alle Mitglieder weiterleiten. Die Moderatoren unterstützen und sind wohlgemerkt nicht Teil der Zukunftsräte. In diesem sitzen keine Beteiligungsprofis, sondern Amateure, keine Experten, sondern selbstbewusste Dilettanten mit gesundem Menschenverstand.

Ein wichtiger Einwand gegen diese Institutionalisierung und Professionalisierung ist natürlich, dass der Charme eines Zukunftsrates genau darin besteht, dass hier nicht Berufspolitiker agieren, sondern Menschen, die nicht nur für, sondern auch von der Politik leben. Es bleibt die Gefahr bestehen, dass Zukunftsräte ähnlich wie Gemeinderäte als »abgehoben« wahrgenommen werden und beide mit demselben Legitimationsproblem konfrontiert sind. Die »Öffnung« zur breiteren Öffentlichkeit durch regelmäßige Präsentationen und Diskussionen der Ergebnisse zum Beispiel in Bürger-Cafés (siehe unten) kann ein probates Gegenmittel sein.

Eine Partizipationskultur innerhalb eines Zukunftsrats und schrittweise auch innerhalb einer Gemeinde oder Region zu entwickeln braucht Zeit. Nicht nur die Bürgerinnen und Bürger eines Zukunftsrats, sondern auch die Berufspolitik benötigt Unterstützung und Beratung. Das haben die Erfahrungen der letzten zehn Jahre des »Büros für Zukunftsfragen« in Vorarlberg gezeigt. Innovative Gemeinden, die ihre Bürger schon jetzt an Gestaltungs- und Entscheidungsprozessen beteiligen und Verantwortung für kommende Generationen übernehmen, wie zum Beispiel die »Zukunftsorte« in Österreich,[130] wären für die Initiierung von Zukunftsräten gut geeignet.

Sind Zukunftsräte Treiber der Generationengerechtigkeit?

Durch eine gute Generationenmischung könnten Zukunftsräte zu Motoren größerer Generationengerechtigkeit werden. Dieses Motiv ist mittlerweile in die Politik eingewandert und wird dort mit zahlreichen Vorschlägen gewürdigt. Wenig geeignet scheint uns der aktuelle Vorschlag der deutschen Familienministerin Manuela Schwesig (SPD), Eltern über ihre eigenen Wahlstimmen hinaus eine zusätzliche Stimmabgabe als Treuhänder ihrer noch nicht wahlberechtigten Kinder zu erlauben.[131] Schon bei früheren Anregungen, ein indirektes, an die Eltern delegiertes Kinderwahlrecht einzuführen, wurde zu Recht darauf verwiesen, dass diese Stimmenakkumulation erhebliche verfassungsmäßige Probleme aufwirft. Würden Eltern ihren Stimmenzuwachs nicht einfach für ihre jetzigen Interessen nutzen?[132]

Ein anderer Versuch der Inklusion ungeborener beziehungsweise noch nicht stimmberechtigter Altersgruppen war das Generationengerechtigkeitsgesetz, eine Gesetzesinitiative von über 100 jungen Abgeordneten aus fast allen Parteien im Jahr 2006.[133] Deren Kernsatz: »Der Staat hat in seinem Handeln das Prinzip der Nachhaltigkeit zu beachten und die Interessen künftiger Generationen zu schützen« wurde als Artikel 20b des Grundgesetzes vorgeschlagen. Die Änderung kam nicht zustande, weil der Entwurf im Rechtsausschuss des Deutschen Bundestages hängen blieb und in den folgenden Legislaturperioden nicht mehr aufgegriffen wurde.

Die vorgeschlagenen und mancherorts bereits umgesetzten Möglichkeiten für mehr Generationengerechtigkeit liegen in der Spannweite zwischen bloßen Willensbekundungen bis hin zur Einstellung von Ombudspersonen und dem Freigeben von Abgeordnetenstühlen an Stellvertreter zukünftiger Generationen. Unser Ansatz (und unsere Hoffnung) ist eine politische

Simulation, die sich auf die lebensweltliche Kommunikation zwischen älteren, mittelalten und jüngeren Menschen stützt. Diese rekurriert auf eine Art »Naturalisierung« des Generationenverhältnisses in Familien, in denen oft drei Generationen zusammenleben beziehungsweise intensiv interagieren. Solche Drei-Generationen-Konstellationen bilden den Grundstock eines in die Zukunft weisenden Gesprächs, wozu auch Erinnerungen (darunter an moralische Katastrophen der älteren Generation wie Kriegs- und Bürgerkriegserlebnisse) und »Dialoge« mit Verstorbenen und deren angebliche oder tatsächliche Vermächtnisse gehören.

Und nicht zuletzt werden diverse Infrastrukturen »vererbt«, von so grundlegenden Dingen wie der Kanalisation über Verkehrswege und urbane Systeme bis hin zu so brisanten wie eben den atomaren »Zwischenlagern« und schweren Umweltschäden oder Bedrohungen des Erdsystems wie Klimawandel und Artensterben. Auch darüber wird zwischen den Generationen neuerdings wieder intensiver gesprochen, so dass wir von Kommunikation zwischen den Generationen als einer Routine moderner Gesellschaften ausgehen dürfen.

Damit ein Zukunftsrat nicht zum Austragungsort möglicher akuter Verteilungskonflikte zwischen Alten und Jungen wird, müssen seine Angehörigen versuchen, von der familialen Drei-Generationen-Konstellation zu abstrahieren und auf Beziehungen zwischen heute und künftig Lebenden umzuschalten, wobei zwischen diesen beiden Sichtweisen eine fruchtbare Wechselwirkung bestehen kann. Man kann Ansprüche künftiger Generationen anhand der möglichen Lebenssituation einer heute 15-jährigen oder 30-jährigen Person im Jahr 2070 imaginieren. Wenn nämlich eine herausstechende aktuelle Forderung lautet, bis zu diesem Zeitpunkt die Nullemission von Treibhausgasen zu erreichen, dann ist es hilfreich, sich dieses weit entfernte und schwer fassbare Ziel am Lebenslauf einer solchen Person zu illustrieren. Denn zur Erreichung des Ziels tragen ja nicht allein technische Erfindungen bei, sondern die Lebensweise muss sich von der Mobilität über die Ernährung bis zur Raumgestaltung massiv verändern. Das Bewusstmachen verschiedener Perspektiven und Erfahrungswelten ist ein zentrales Element, um zukünftige Generationen angemessen zu repräsentieren.[134] Experimentieren ließe sich auch mit Ideen aus der systemischen Strukturaufstellung: So könnten zum Beispiel leere Stühle in der Runde von Zukunftsräten an die (möglichen) Anliegen zukünftiger Generationen »erinnern«. Mit theatralen und narrativen Praktiken performativer Künste kann man einen »Als ob«-Raum schaffen, die Rollen noch nicht geborener Erdenbürger einnehmen und alternative Zukünfte imaginieren.[135]

Tagungsorte und Turnus

Zu den zeitlichen Abständen der Versammlungen eines Zukunftsrats wollen wir keinen festen Turnus vorgeben. Jeder in Gruppenprozessen erfahrene Akteur weiß, welche Bedeutung fixe Termine besitzen, die man in den Kalender eintragen und ins Alltagsleben integrieren kann. Jeder Zukunftsrat wird seinen eigenen Rhythmus finden müssen, um Überbeanspruchung genauso wie Unverbindlichkeit zu vermeiden.

Nicht ganz unerheblich ist der äußere Rahmen der Versammlung eines Zukunftsrates. Er sollte architektonisch und ästhetisch einladend sein, zugleich eine intensive Arbeitsatmosphäre erlauben – kurz: ein Ort sein, an dem man sich gerne aufhält. Da der Zukunftsrat selbst nur im Ausnahmefall öffentlich tagt (zum Beispiel in Bürger-Cafés), muss er seine Aktivitäten, Ergebnisse und Planungen auf anderem Wege transparent machen, zum Beispiel durch eine Plattform im Internet, wodurch der Dialog virtuell erweitert und Kommentare einbezogen werden können. Zusätzlich könnte sich der Zukunftsrat von Zeit zu Zeit »auf Wanderschaft begeben« und sich etwa von kirchlichen Gemeinden, gemeinnützigen Vereinen, Schulen und Unternehmen einladen lassen. Hier entsteht dann jene politische Öffentlichkeit, deren Möglichkeit ansonsten immer stärker eingeschränkt wird.

Typisch für postmoderne, durch Kommerzialisierung und Eventisierung geprägte Städte ist nämlich die Vernachlässigung oder Geringschätzung des öffentlichen Raums, der Orte, an denen sich Menschen aus Gründen einfinden und versammeln können, die weder kommerzieller Natur noch durch Arbeit oder Freizeit vorgegeben sind. Für einen physischen öffentlichen Raum gelten nach Parkinson[136] vier Kriterien: (1) er muss öffentlich zugänglich sein und/oder (2) er nutzt öffentliche Ressourcen und/oder (3) er hat öffentliche Wirkungen und/oder (4) er wird genutzt für die Performanz öffentlicher Rollen. Es wird eine Herausforderung sein, für Zukunftsräte entsprechende und noch dazu kostenfreie Räumlichkeiten zu finden.

Zukunftsräte können also nicht nur urbanistische Themen der Stadtentwicklung auf ihre Agenda setzen. Die eigene Ortsbestimmung und -gestaltung dieser Zukunftsräte ist dabei selbst ein wichtiges Thema, geht es doch darum, verfallene Stätten der öffentlichen Erörterung öffentlicher Angelegenheiten zurückzugewinnen und neue zu gestalten.

Das Produkt: Was erarbeiten Zukunftsräte?

Als »Produkte« von Zukunftsräten haben wir im Wesentlichen gut begründete und allgemein verständliche Empfehlungen im Sinn, flankiert durch öffentliche Veranstaltungen und netzgestützte Kommunikation. Diese werden den Gemeinde- und Ortsbeiräten, der Gemeinde- und Stadtverwaltung und allen weiteren an Entscheidungsprozessen formell und informell Beteiligten sowie der Bevölkerung insgesamt zugeleitet. Hier entstehen mindestens drei Herausforderungen: Wie wird ein im Zukunftsrat bestehender Dissens dokumentiert? Wie kann man gewährleisten, dass die anderen Instanzen der Gewaltenteilung sich mit diesen Empfehlungen intensiv befassen, sie in ihre Entscheidungsbildung einbeziehen und im Fall ablehnender Voten diese ausführlich begründen? Wie kann man schließlich mit Konkurrenzen zwischen Zukunftsräten, direkt gewählten (Ober-)Bürgermeistern und repräsentativ gewählten Volksvertretern umgehen?

Dass in einem Zukunftsrat Dissense auftreten und fortbestehen, halten wir nicht für problematisch. Vielmehr kann es förderlich sein, diese deutlich zu benennen und eventuell in unterschiedliche Zukunftsszenarien einzubringen. So kann man vermeiden, dass nur Allgemeinplätze (»Unsere Stadt soll schöner werden«) und unverbindliche Zielsetzungen (»Emissionsverringerung bis 2020 um 90 Prozent«) nachgebetet werden, zugleich aber auch die unterschiedlichen Wege der Deliberation aufzeigen.

Ein Zukunftsrat wird sich genau den Themen zuwenden, die im parlamentarischen und administrativen Alltag ignoriert oder auf die lange Bank geschoben werden. Eben deswegen sind die repräsentativdemokratischen Instanzen dem Zukunftsrat in angemessenen Zeiträumen rechenschaftspflichtig.

Für die Zukunftsräte gilt als Faustregel: Zu viel Dissonanz macht ihn ebenso irrelevant wie zu viel Mainstream. Soziale Innovation entsteht eher im Zweifel, Widerspruch und an der Peripherie. Ideal ist eine wechselseitige Bezugnahme, die alle Instanzen antreibt. Realistisch ist, dass ein Zukunftsrat bisweilen in lokale Machtspiele einbezogen werden wird. Dem beugt einzig ein gesundes korporatives Selbstbewusstsein vor, das sich aus dem Persönlichkeitsprofil der Mitglieder ergibt.

Zentral ist ein verbindliches Feedback des Gemeinderats, Landtags oder Bundestags und dabei größtmögliche Transparenz, ob und warum ein Anliegen aufgegriffen worden ist (oder warum nicht) und was es über die Umsetzung zu berichten gibt. Die Entscheidungsgremien stehen also unter einer Begründungspflicht gegenüber einem Zukunftsrat und einer Gemeinde oder Region, und zwar nicht nur unmittelbar, sondern auch noch Monate und Jahre danach. Diese Verpflichtung muss in die jeweiligen Geschäftsordnungen hineingeschrieben werden, damit Zukunftsräte, die betroffene Öffentlichkeit und politische Verantwortliche angehalten sind, in einen ausführlichen Dialog auf Augenhöhe zu treten. Regelmäßige Berichte der Zukunftsräte werden durch die Verpflichtung von Exekutive und Legislative beantwortet, sich mit diesen Vorlagen substantiell, in angemessener Frist und konkret zu befassen. Falls die Endergebnisse und Empfehlungen eines Zukunftsrats für den politischen Prozess eine erhebliche Auswirkung haben, kann die Wahlbevölkerung in direktdemokratischen Abstimmungen Stellung beziehen.

Nicht zuletzt: Wie finanziert man Zukunftsräte?

Oft wird Partizipation in den Forderungskatalog für die Erneuerung und Reform öffentlicher Politik aufgenommen, nur kosten soll sie möglichst wenig. Wir verhehlen nicht, dass der Finanzbedarf des skizzierten Zukunftsrats sowie des unterstützenden Teams mit Moderationserfahrung beachtlich ist und von den Verwaltungen und Haushalten nennenswerte Investitionen verlangt. Dieser kann durch die Kommunen oder Regionen, aber auch durch existierende oder eigens gegründete Stiftungsfonds übernommen werden. Der Soziologe Ortwin Renn macht sich bei der Institutionalisierung von Bürgerbeteiligung stark für eine öffentliche Stiftung, die aus eigenen Mitteln einen Partizipationsprozess organisiert und finanziert. Auch »Crowdfunding« ist in Betracht zu ziehen. So können die Unabhängigkeit vom politischen System gewährleistet und Interessenkonflikte zwischen der Kommunalverwaltung und einem möglicherweise unbotmäßigen Zukunftsrat vermieden werden. Der Vorschlag liefe in unserem Fall auf eine nationale Stiftung mit Repräsentationen vor Ort hinaus, die die Prozessbegleitung und Rückkoppelung mit der Verwaltung wie mit Bürgern organisieren könnte.[137] Vor- und Nachteile beider Konstruktionen – verwaltungs- oder stiftungsgestützt – müssen sorgfältig diskutiert werden.

Zusätzlich zu den laufenden Kosten der Verwaltungsmitarbeiter fallen Aufwandsentschädigungen an: Angehörige des Zukunftsrats sollten von ihrem Arbeitgeber für die Sitzungen freigestellt werden und Verdienstausfälle kompensiert bekommen, analog zu den schon erwähnten Schöffen, die derzeit rund sechs Euro pro Stunde erhalten. Die Möglichkeit einer Beteiligung sollte generell durch die Einrichtung von Kinderbetreuung während der Sitzungen oder von Fahrdiensten für Gehbehinderte und vieles mehr erleichtert werden. Weder kann man bei der Mitwirkung am Zukunftsrat auf reine Ehrenamtlichkeit setzen, noch wird man auf der anderen Seite entgangene Arbeitsentgelte vollständig erstatten können, so dass man sich den Zukunftsrat als einen Hybrid zwischen Praktikum, Ehrenamt und Professionalisierung vorstellen muss. Problematisch könnte sein, dass monetäre Anreize auf Teilnehmer unterschiedlich wirken und die Arbeit des Zukunftsrates behindern, so dass man besser auf sie verzichtet. Generell halten wir sie aber für eine wichtige Anerkennung der darin geleisteten Arbeit.

Fazit

Wir haben hiermit die mögliche Funktionsweise von Zukunftsräten definiert:

Sie sind dauerhafte Einrichtungen einer Gemeinde, eines Stadtteils oder Landes oder einer supranationalen Organisation, die wichtige Zukunftsfragen identifizieren und Lösungsvorschläge ausarbeiten, mit denen sich Legislative und Exekutive substantiell und in angemessener Frist befassen und Feedback geben müssen. Einem Zukunftsrat gehören je nach politischer Ebene etwa 15 bis maximal 50 zufällig ausgewählte Personen an, welche die Bevölkerung annähernd abbilden und vor allem in ihrer Generationenmischung spiegeln. Die Mitwirkenden treffen sich regelmäßig und erhalten eine maßvolle Aufwandsentschädigung. Die Amtsperiode des Zukunftsrates beträgt zwei Jahre, er wird von einem Team von Verwaltungsmitarbeitern mit Moderationserfahrung unterstützt, die auch an der Geschäftsführung mitwirken.

Unser Ziel: Zukunftsräte sollen strukturelle Mängel der bisher praktizierten deliberativen Demokratie ausgleichen, indem sie offen sind für den leidenschaftlichen politischen Konflikt, aber durch Institutionalisierung den oft sprunghaften Ereignischarakter partizipatorischer Politik abstreifen und an Stelle von Experten den repräsentativen Querschnitt der lokalen, regionalen und nationalen Bevölkerung widerspiegeln. Die Mehr-Generationen-Konstellation soll einen Weg aus der Gegenwartsorientierung von Politik weisen, um Zukunftsaufgaben einen systematischen Platz in den aktuellen politischen Debatten und Entscheidungen einzuräumen.

Wir haben unsere Vorstellungen, die wir in einigen Pilotprojekten erprobt und getestet haben,[138] Bürgerinnen und Bürgern und einer Reihe von Fachleuten vorgelegt, deren Einwände wir, sofern nicht bereits im Text angesprochen, transparent machen wollen:

Sie betrafen zum einen Modalitäten der Auswahl und die Länge des Mandats – wäre eine weniger formelle, ja spielerische Mitwirkung in diversen einmaligen Bürgerräten nicht attraktiver? Wären nicht, angesichts dieser Präferenz für informelles und zeitweiliges Engagement, wechselnde Zusammensetzungen hilfreicher, auch um einer größeren Zahl von Bürgern die Teilnahme zu ermöglichen? Vertreter einer absoluten Aleatorik befürchten, dass Steuerung durch gezielte Nachrekrutierung bestimmter Gruppen das Verfahren deutlich angreifbar und zu endlosen Legitimationsdebatten führen könnte. Durch die Schaffung geeigneter Rahmenbedingungen wie Arbeitnehmerfreistellung und Kinderbetreuung könne man dagegen alle wesentlichen Gruppen integrieren. Und haben wir Möglichkeiten der politischen Kommunikation im Netz nicht unterschätzt, wenn wir uns stattdessen auf Echtzeitkommunikation von Angesicht zu Angesicht konzentrieren?

Zum anderen bestanden Zweifel daran, ob ein Experiment wie der Zukunftsrat, der, wenn auch stets in globaler Perspektive, lokale Probleme behandelt, das »große«, im ersten Kapitel reflektierte Legitimationsproblem von Demokratie tatsächlich lösen kann. Unterliegt nicht jede weitere institutionelle Form der politischen Beteiligung der gleichen verbreiteten Aversion wie gegen Institutionen generell? Würde ein Zukunftsrat im »Vertrauens-Barometer« nicht ebenso tief sinken wie Regierungen und Parlamente? Welchen Reiz sollte ein Zukunftsrat auf Institutionenverweigerer ausüben und auf solche Engagierte, die eine punktuelle, themenbezogene Beteiligung wünschen?

Und wird schließlich durch die Schaffung eines Zukunftsrates nicht eine Rivalität von politischen Entscheidungen eingeführt, die Konflikte und Irritationen hervorrufen kann? Würde ein Setting, das Bürgergesellschaft, Verwaltung und Berufspolitik von vornherein verknüpft, den Beratungsprozess nicht wirksamer beeinflussen? Oder ein Format, das auf ausgewiesene Pioniere des Wandels in einem Sektor (wie der Nachhaltigkeits- oder Flüchtlingspolitik) setzt?

Alle Einwände und Bedenken sind stichhaltig. Zukunftsräte allein können Legitimationsdefizite demokratischer Politik sicher nicht beheben, aber eine breit ausgelegte Konsultative kann unseres Erachtens sowohl die Qualität und Zukunftsfähigkeit von Politik verbessern als auch die Anliegen der Bürgerinnen und Bürger im Prozess zur Geltung zu bringen. Unser Konzept ist nicht revolutionär, sondern in der Sprache des Pragmatismus experimentell und »melioristisch«, also auf schrittweise Verbesserung angelegt. Ob sie gelingt, hängt von der Ernsthaftigkeit des Versuchs, vom überzeugenden Aufbau und der Berücksichtigung der Beratungsergebnisse ab. Ist das gegeben oder zumindest absehbar, können Zukunftsräte die Demokratie weiterentwickeln.

Dass mit unserem Vorschlag eine ganze Bandbreite auch abweichender und konkurrierender Modelle politischer Zukunftsgestaltung entstehen würde, wäre wünschenswert. Wir möchten allerdings in Erinnerung rufen, dass schwache Institutionalisierung und Gegenwartsfixierung von Regierenden wie Regierten die bisher praktizierte Bürgerbeteiligung oft unter Wert ausfallen ließen und nur schwache Ergebnisse produzierten.

Kapitel 5

Transnationale Demokratie mit Zukunftsräten?

Generell kann man sagen: Je lokaler die Entscheidung angesiedelt ist, desto mehr herrscht der heilige Florian – das heißt im Umkehrschluss: je mehr sie sich von dem unmittelbar Betroffenen entfernt, desto unüberschaubarer werden die Zusammenhänge. Der herkömmliche Föderalismus zerschneidet oft komplexe Problemfelder, gerade wenn es um große Zukunftsfragen geht. Vor diesem Hintergrund schlagen wir ein Mehrebenen-Netzwerk von Zukunftsräten vor, das sich »von unten«, also von der lokalen und Stadtteilebene über regionale Verbünde und die Länderebene bis »nach oben«, auf die Bundes- und Europa-Ebene entfaltet und eine parlamentarische oder direktdemokratische Entscheidung vorbereiten soll. So können Beteiligungswillige von der lokalen zur nationalen und europäischen Ebene und zurück wandern.

Zwei Beispiele: Herr X hat in einer baden-württembergischen Gemeinde begonnen, ist dann in den Zukunftsrat des Landes gewechselt und wird schließlich deutscher Vertreter beim EU-Zukunftsrat. Frau Y ist in den nationalen Zukunftsrat in Berlin berufen worden und derzeit in einem Stadtteil der schleswig-holsteinischen Landeshauptstadt Kiel tätig. Selbst wenn es für jede Ebene (kommunal, regional, national, europäisch) eine eigene Rekrutierung der Mitglieder eines Zukunftsrats gibt, also keine personelle Fluktuation zwischen den Ebenen, vertrauen wir auf die Emergenz politischer Beteiligung: Lokale Initiativen beginnen eine Debatte, eine kollektive Aktion, eine thematische Fokussierung, und daraus kann sich im günstigen Fall ein »trickle up«-Effekt ergeben, bei dem sich Zukunftsräte auf allen Ebenen wechselseitig animieren. Genauso kann sich auch eine zentrale Initiative aus Brüssel, Warschau oder Berlin im »trickle down«, also von oben nach unten, ausbreiten. Unten und oben sind dabei keine hierarchisch festgelegten Ebenen der Politik, sie stehen im demokratischen Prozess in einem stetigen und durchaus konfliktreichen Wechselspiel.

Partizipation über Grenzen hinweg

Auf supranationaler Ebene haben die Europäische Kommission und das Europäische Parlament bereits eine Vielzahl von Projekten getestet sowie Verfahren und Methoden für transnationale und mehrsprachige Bürgerbeteiligung geprüft. Nach den gescheiterten Referenden über den EU-Verfassungsvertrag in Frankreich und den Niederlanden 2005 und dem Verlust an Zustimmung für die EU in der Bevölkerung der Mitgliedstaaten wurde eine Kommunikationsstrategie unter dem Label »Plan D« (für Demokratie, Dialog und Diskussion) und die Initiative »e-Europe« entwickelt. Das umfangreichste und vielschichtigste Beteiligungsprojekt waren die Europäischen Bürgerkonferenzen. Ziel war, zum einen die Distanz zwischen EU und seiner Bürgerschaft abzubauen und zum anderen Beteiligung langfristig als Politikinstrument auf europäischer Ebene zu erproben. An den grenzüberschreitenden Verfahren nahmen jeweils über 1.500 nach soziodemographischen Kriterien zufällig ausgewählte Bürger und Bürgerinnen aus 27 Mitgliedstaaten teil und berieten über die Zukunft Europas.[139] Wie häufig bei solchen Beteiligungsangeboten wurde dieses durch eine zivilgesellschaftliche Organisation umgesetzt, in dem Fall die belgische König-Baudouin-Stiftung. Die Beteiligten bekundeten große Zufriedenheit, dass man sie eingeladen hatte, ein oder zwei Tage lang über die Zukunft Europas zu debattieren, fühlten sich besser informiert, standen hinterher dem europäischen Projekt grundsätzlich positiver gegenüber und hatten teilweise ihre Ansichten im Laufe der Diskussion geändert. Hingegen äußerten sich viele darüber enttäuscht, dass die Ergebnisse dieser »demokratischen Experimente« von den politisch Verantwortlichen nicht nennenswert beachtet worden sind.[140]

Bis 2010 fanden 23 transnationale Bürgerbeteiligungsverfahren statt, an denen nach Schätzungen insgesamt ungefähr 100.000 Europäer teilgenommen haben. Die Zahlen verdeutlichen, dass die öffentliche Meinungs- und Willensbildung in der EU durch einen bloß punktuellen Einsatz solcher Verfahren nur im geringen Umfang angestoßen wird.[141] Der Einfluss hätte sicherlich verstärkt werden können, wenn die dialogischen Beratungen der Bürgerschaft systematisch weiterentwickelt worden wären und man sie an die formalen Entscheidungsprozesse der EU gekoppelt hätte. Stattdessen ist das Partizipationsprojekt ohne Begründung abgebrochen und durch die Einführung der Europäischen Bürgerinitiative ersetzt worden,[142] durch die Unionsbürger bewirken können, dass sich die Kommission mit einem bestimmten Thema befasst. Dieses direktdemokratische Instrument dient freilich in erster Linie organisierten Interessengruppen, die über die finanziellen und / oder technischen Mittel verfügen, um innerhalb von zwölf Monaten die dafür nötigen eine Million Unterschriften in sieben Ländern zu sammeln. Es erfüllt mitnichten die Funktionen, die für eine staatsbürgerliche europäische Bewusstseinsbildung und grenzüberschreitende Diskussion über Zukunftsthemen nötig wären. Wenn die Europäische Union eine direkte Verbindung mit den Bürgern knüpfen will, gibt es nur den Weg, mit ihnen in einen Dialog zu treten. Die demokratische Legitimität der Europäischen Union und wahrscheinlich sogar ihr Fortbestand hängen von einer gelungenen Einbindung der Bürgerschaft ab.

Labore der europäischen Demokratie

Wir schlagen deshalb vor, die abgebrochene Initiative wieder aufzunehmen und dauerhaft einen europäischen Zukunftsrat einzurichten. Seine Aufgabe bestünde darin, gewichtige Zukunftsthemen auf die Agenda zu setzen und Parlament, Rat und Kommission zu beraten. Wenn nötig, könnte der Zukunftsrat seinerseits einzelne transnationale Beteiligungsverfahren zu dringenden Themen initiieren, zum Beispiel eine solidarische europäische Antwort auf die Einwanderung in die Schengen-Staaten zu finden. Er würde auch die Ergebnisse der einzelnen dialogorientierten Beteiligungsverfahren zusammenführen und kommunizieren – gewissermaßen als »Sprachrohr der Bürger« Europas. Ein solches Sprachrohr wäre ein Sinnbild für das Europa der Bürger und deren Gestaltungsmöglichkeiten – und ein Gegenmittel zum verbreiteten Unbehagen gegenüber der undurchschaubar erscheinenden Brüsseler Bürokratie und zum grassierenden anti-europäischen Populismus. Wechselseitige Solidarität und Loyalität gegenüber den politischen Institutionen der EU entwickeln sich nur, wenn sich die gesellschaftliche Integrationskraft von demokratischer Teilhabe transnational entfalten kann. Allerdings bedarf es auch – und das ist zentral – der Erfahrung der teilnehmenden Bürgerinnen und Bürger, dass die Ergebnisse der Konsultationen tatsächlich Eingang finden in die europäischen Entscheidungsprozesse.

Der europäische Zukunftsrat könnte entweder »von oben«, zum Beispiel von der Kommission und/oder dem Parlament, initiiert werden oder sich schrittweise aus den lokalen, regionalen und nationalen Zukunftsräten entwickeln, die jeweils einige Mitglieder an die nächsthöhere Ebene delegieren, also »von unten« bis auf die europäische Ebene. Zu prüfen wäre, ob für alle Beteiligungswilligen Englisch als Lingua franca funktioniert oder ob, wie in den EU-Institutionen üblich, mit Dolmetschern gearbeitet werden muss. Vorstellbar sind auch »EU-regionale« oder politikspezifische Zukunftsräte, also zum Beispiel ein Zukunftsrat der Mittelmeeranrainerstaaten oder in Dreiländerecks zu Fragen einer mittel- und langfristigen Regionalpolitik.

Nicht nur der verschiedenen Sprachen und politischen Kulturen wegen ist ein europäischer Zukunftsrat komplexer als der einer Gemeinde oder eines Landes. Auch die Anfahrtswege sind weiter, die gesamte Logistik aufwändiger. Der Treffpunkt müsste nicht immer Brüssel sein, die Mitglieder könnten in verschiedenen europäischen Städten tagen. Wegen des hohen Aufwands wäre es möglicherweise sinnvoll, die Sitzungen nur alle zwei oder drei Monate, dann aber für zwei Tage anzuberaumen.

Auch dieser Zukunftsrat würde seine Ergebnisse und Zwischenergebnisse in öffentlichen Veranstaltungen vorstellen und diskutieren. Auch er hätte kein imperatives Mandat, aber die drei Institutionen, die in der EU die Entscheidungen treffen – das Parlament, die Kommission und der Rat –, würden verpflichtet, angemessen in Frist und Inhalt zu den Empfehlungen (und Fragen) des Zukunftsrats Stellung zu beziehen. Eine europäische Konsultative als »vierte Gewalt« würde einen wichtigen Impuls für das politische Europa setzen: den Grundstein für die Herausbildung einer europäischen Partizipationskultur und Staatsbürgerschaft. Die partizipative Demokratie könnte so entsprechend dem im Vertragswerk der EU formulierten Grundsatz (endlich) mit Leben erfüllt werden.[143]

Nehmen wir ein Beispiel:[144] Die gemeinsame europäische Energiepolitik ist ein zentrales Zukunftsthema der EU, nicht zuletzt für die Erreichung der Klimaschutzziele. Der Rat hat sich dazu verpflichtet, die CO_2-Emissionen bis zum Jahr 2050 um 80 bis 95 Prozent im Vergleich zu 1990 zu reduzieren. 80 Prozent aller Treibhausgasemissionen entfallen direkt oder indirekt auf das Energiesystem. Ob die Dekarbonisierung und der Eintritt in ein Zeitalter der erneuerbaren Energien gelingen, hängt stark davon ab, ob eine nachhaltige Energiepolitik und der Ausbau einer grenzüberschreitenden Netzinfrastruktur durchsetzbar sind. So viel ist sicher: eine solch umfassende Transformation des Energiesystems hat weitreichende Konsequenzen für die Art und Weise, wie wir in Europa zukünftig leben werden.

Eine europäische Energiewende bedarf einer breiten demokratischen Legitimation und aktiven Einbindung der Bürgerschaft. Im Unterschied zu punktuellen Beteiligungsverfahren bei einem konkreten Infrastrukturvorhaben ginge es im europäischen Zukunftsrat um umfassende Szenarien auf supranationaler Ebene. Zudem könnte er mögliche Interessen- und Wertekonflikte zwischen den Bevölkerungen der Mitgliedstaaten frühzeitig erkennen und konkrete Vorstellungen entwickeln, wie mit Lasten Einzelner gerecht umgegangen werden kann oder welches europäische Gemeinwesen wir Bürger wollen.

Ausblick: Zukunftsräte wagen!

Wir haben in diesem schmalen Buch Entwurf und Erstversuche des Experiments präsentiert, einer vor multiplen Herausforderungen stehenden Demokratie eine vierte Gewalt, die Konsultative, hinzuzufügen, und als deren Eckpfeiler institutionalisierte Zukunftsräte vorgeschlagen. Im Zentrum stand normativ das Motiv der Generationengerechtigkeit, epistemisch ein auf Kooperation und Konvivialität aufbauendes Menschenbild und Gesellschaftsverständnis, methodisch eine experimentelle Erweiterung der Demokratie, wie wir sie kennen und schätzen, und politisch eine Alternative zum weltweit grassierenden Wutbürgertum, das der Politik – siehe Tea Party und Blockupy, Pegida und den Front National – generell eine paranoide Note verleiht.

Das Gelingen des Experiments erfordert eine angemessene »Betriebstemperatur« der Demokratie. Sie darf weder expertokratisch auskühlen, also politisches Engagement im Blick auf Sachzwänge einfrieren, noch sollte sie populistisch überhitzen, also in einer durch aggressives Ressentiment genährten Nervosität überdrehen. Empörung, Protestbereitschaft, auch Wut sind respektable Leidenschaften, die den politischen Alltag seit ewigen Zeiten antreiben, aber sie müssen sich zivilisieren, ohne ihre Emotionalität einzubüßen. Das Mögliche ist stets eine enttäuschende Grenze für Wünsche und Utopien, aber auch ein Sensorium für die Chance, dass alles auch ganz anders (und besser) kommen und sein könnte. Für die Entwicklung alternativer Zukunftsszenarien bedarf es politischer Räume, in denen Platz ist für die Artikulation vielfältiger Weltsichten, für konstruktiven Streit, verständigungsbereiten Dialog und fürsorgende Verantwortung.

Demokratien schaffen institutionelle Teilhabe mit sozio-ökonomischen, sozio-kulturellen und sozio-politischen Dimensionen. Teilhabe ist gebunden an die Verfügbarkeit materieller Ressourcen und Zugänge zum öffentlichen Leben, die heute durch zu viel Armut versperrt und durch zu viel Reichtum obsolet werden. Teilhabe ist auch gebunden an ein Modell von Staatsbürgerschaft, die ethnische, religiöse, kulturelle, geschlechtliche Verschiedenheit einschließt und Diskriminierung ausschließt. Das Demokratieprinzip besagt »One man – one vote«, ungeachtet der sozialen Ungleichheit und Differenz. Und auf dieser Grundlage müssen Bürgerinnen und Bürger in die Lage versetzt werden, politisch wirken zu können. Mangelnde Teilhabechancen führen zu Apathie und Aggression, aktivierte Teilhabe zu engagiertem Handeln.

Dieses Engagement ist abhängig von äußeren Einflüssen und variiert in den verschiedenen Phasen einer einzelnen Biografie und eines Gemeinwesens. Demokratie zeichnet sich im Unterschied zu totalitären Regimen durch die völlige Freiwilligkeit und Selbstbestimmtheit von Engagement aus, und es gibt im wahren Leben zum Glück keine Dauerengagierten und Berufsmitwirker. Eben weil das so ist, adressiert unsere Schrift nicht nur einzelne Bürger und Bürgerinnen, sie soll auch eine Handreichung sein für partizipatorisch aufgeklärte Verwaltungen und Berufspolitiker, den Wechselfällen der bürgerlichen Teilnahme eine stabilere Grundlage zu bieten – und in einer Konsultative keine unliebsame Konkurrenz zu sehen, sondern eine vitale Unterstützung der gewaltenteiligen Demokratie. Unser Vorschlag ist »erfahrungsgesättigt«, da wir an verschiedenen Partizipationsdebatten und -verfahren beteiligt waren, aber er wird sich in der weiteren Praxis sicher verändern und verbessern.

Weil alle Politik »glokal« ist, enden wir mit einem Beispiel: In der 3.400-Seelen-Gemeinde Weyarn, zwischen München und Miesbach gelegen, hat sich laut Zeitungsberichten und eigener Anschauung ein regelrechtes »Demokratiewunder« ereignet. Ausgelöst wurde es durch das bayerische Dorferneuerungsprogramm, das mit sogenannten Teilnehmergemeinschaften ein

Instrument der Beteiligung bereithält, das die Weyarner mit Bürgerwerkstätten und Arbeitskreisen in die Praxis umsetzten. Diese befassen sich nun mit »Zukunftsthemen« wie der Deckung des Energiebedarfs der Gemeinde bis 2025 durch erneuerbare Energien oder alternativen Formen des Miteinanders der Generationen. Gemeinderat und -verwaltung nehmen die Vorschläge auf und verstehen die Werkstätten als Ideengeber. Dieses Experiment hat über die Jahre eine funktionierende Koexistenz parlamentarischer und konsultativer Gremien etabliert und ist schließlich als »Zwei-Säulen-Modell« in der Gemeindesatzung verankert worden. Bislang sei es gelungen, so heißt es offiziell, »Parteipolitik und persönliche Interessen« von der »zweiten Kammer« fernzuhalten[145] und die Kluft zwischen Entscheidungsträgern und Bürgerschaft zu überbrücken. Die Institutionalisierung dieses Gremiums hat also die Defizite professioneller, repräsentativer Gremien nicht reproduziert.

Einzelne Mitglieder des Weyarner Gemeinderats hatten anfangs Angst, »Macht abzugeben«, im Laufe der Zeit haben sie dieses Modell aber als »Bereicherung« erlebt, das die Legislative stärkt.[146] Von Wyhl nach Weyarn – in dieser vierzigjährigen Entwicklung hat die Konsultative als vierte Gewalt Gestalt angenommen.

Anmerkungen

1 ›Bürgerproteste – die vierte Gewalt‹, in: *Spiegel* 13 (21.3.1977), S. 32.

2 Max Kaase, ›The Challenge of the ›Participatory Revolution‹ in Pluralist Democracies‹, in: *International Political Science Review* 5 (1984), S. 299–318.

3 Der Endpunkt soll von Grundremmingen nach Landshut verlegt und die Leitung in größeren Teilen erdverkabelt werden, http://www.br.de/nachrichten/oberpfalz/inhalt/ostbayernring-tennet-raumordnungsverfahren-100.html [Stand 27. 11. 2015].

4 Christoph Möllers, *Die drei Gewalten. Legitimation der Gewaltengliederung in Verfassungsstaat, Europäischer Integration und Internationalisierung*, Weilerswist 2008.

5 Grundgesetz der Bundesrepublik Deutschland (GG), Art. 20 (2), Berlin 2015.

6 Thomas Leif/Rudolf Speth (Hrsg.), *Die fünfte Gewalt. Lobbyismus in Deutschland*, Wiesbaden 2006.

7 Norbert Lammert, Interview mit der Funke-Mediengruppe, 28. 10. 2015, online unter: http://www.zeit.de/politik/deutschland/2015-10/lammert-ttip-bundestag [Stand 27. 11. 2015].

8 So etwa Franz Walter im *Spiegel* am 26. 10. 2011 anlässlich der »alternativlosen« Bankenrettung. Siehe auch Philip Norton, *Does Parliament Matter?*, 1993.

9 Vgl. Mark B. Brownet et al., *Politikberatung und Parlament*, Opladen 2006; Birger Priddat (Hrsg.), *Politikberatung: Prozesse, Logik und Ökonomie*, Marburg 2009.

10 James Surowiecki, *Die Weisheit der Vielen. Warum Gruppen klüger sind als Einzelne und wie wir das kollektive Wissen für unser wirtschaftliches, soziales und politisches Handeln nutzen können*, München 2005. Vgl. auch Daniel Innerarity, *Demokratie des Wissens. Plädoyer für eine lernfähige Gesellschaft*, Bielefeld 2013.

11 Wilhelm Hennis, *Politikwissenschaft und politisches Denken. Politikwissenschaftliche Abhandlungen II*, Tübingen 2000.

12 So ganz dezidiert Egon Flaig, *Die Mehrheitsentscheidung. Entstehung und kulturelle Dynamik*, Paderborn 2012.

13 Max Kaase, ›Partizipation‹, in: Dieter Nohlen (Hrsg.), *Wörterbuch Staat und Politik*, Bonn 1995, S. 521–527.

14 Ein Beispiel: http://www.joachimsikora.de/index.php/site-administrator/11-debattenbeitrag-2 [Stand 27.11.2015].

15 Dieser gilt Demokratie als eine »westliche Idee« (was sie auch war), die sich durch koloniale Gewaltakte und soziale Ausbeutung desavouiert habe, vgl. etwa den Diskussionsband mit Beiträgen von Giorgio Agamben u.a., *Demokratie? Eine Debatte*, Berlin 2013, und Alain Badiou, *Pornographie der Gegenwart*, Wien 2014. Kritisch dazu Klaus von Beyme, *Von der Postdemokratie zur Neodemokratie*, Wiesbaden 2012. Zuletzt Simon Tormey, *Vom Ende der repräsentativen Politik*, Hamburg 2015.

16 Vgl. die empirischen Untersuchungen von Pippa Norris, *Democratic Phoenix. Agencies, Repertoires & Targets of Political Activism*, Cambridge, Mass. 2002. Karten von Freedom House, online unter: https://freedomhouse.org/report/freedom-world-2015/maps [Stand 27.11.2015]. Vgl. auch elaborierte Formen der Messung von Demokratiequalität, zum Beispiel das Demokratiebarometer: Marc Bühlmann/Wolfgang Merkel/Bernhard Wessels/Lisa Müller, *The Quality of Democracy. Democracy Barometer for Established Democracies*, Zürich (National Centre of Competence in Research Democracy of the Swiss National Science Foundation) 2008.

17 Colin Crouch, *Postdemokratie*, Frankfurt a.M. 2008; Ingolfur Blühdorn, *Simulative Demokratie. Neue Politik nach der postdemokratischen Wende*, Frankfurt a.M. 2013. Darüber wird freilich intensiv gestritten, vgl. etwa Dirk Jörke, ›Bürgerbeteiligung in der Postdemokratie‹, in: *Aus Politik und Zeitgeschichte* 1–2 (2011), S. 13–18, und ders., ›Was kommt nach der Postdemokratie?‹, in: *vorgänge. Zeitschrift für Bürgerrechte und Gesellschaftspolitik* 190 (2010), S. 17–25.

18 Vgl. Armin Schäfer, *Der Verlust politischer Gleichheit. Warum die sinkende Wahlbeteiligung der Demokratie schadet*, Frankfurt a.M. 2015; ders./Harald Schoen, ›Mehr Demokratie, aber nur für wenige? Der

Zielkonflikt zwischen mehr Beteiligung und politischer Gleichheit‹, in: *Leviathan* 41/1 (2013), S. 94–120.

19 Karl Polanyi, *Die große Transformation. Politische und ökonomische Ursprünge von Gesellschaften und Wirtschaftssystemen*, Frankfurt a.M. 1978.

20 Institut für Demoskopie Allensbach/Bertelsmann Stiftung, *Einstellungen zur sozialen Marktwirtschaft. Ergebnisse einer repräsentativen Bevölkerungsbefragung im Auftrag der »Initiative Soziale Marktwirtschaft« im November 2008*, abrufbar unter: https://www.bertelsmannstiftung.de/fileadmin/files/BSt/Presse/imported/downloads/xcms_bst_dms_30805_30824_2.pdf [Stand 27.11.2015].

21 Richard Hofstadter, *The Paranoid Style in American Politics*, New York 1965.

22 Max Scheler, *Das Ressentiment im Aufbau der Moralen*, 2. Aufl., Frankfurt a.M. 2004.

23 Ironischerweise begann Viktor Orbán Ende der 1980er Jahre als Hoffnungsstern einer Partei der Jungen. Die von ihm mitbegründete Fidesz-Partei kaprizierte sich im Wesentlichen auf Mitglieder unter 35 Jahren, um den Fängen des Ancien Régime und postsozialistischer Korruption ebenso zu entgehen wie der im 20. Jahrhundert kompromittierten Rechten. Beispielhaft: Viktor Orbán, Grundsatzrede am 26.7.2014, Băile Tuşnad (Rumänien), online unter: https://pusztaranger.wordpress.com/2014/07/30/viktor-orban-wir-bauen-den-illiberalen-staat-auf/ [Stand 27.11.2015].

24 Die Bedeutung des »Populismus« hat sich dadurch gewandelt. Er geht zurück auf links angesiedelte antikapitalistische Strömungen Ende des 19. Jahrhunderts, als US-amerikanische Farmer gegen die Auswüchse des »Gilded Age« protestierten. Die »Populist Party« forderte billige Kredite, die Silberwährung, Referenden und Genossenschaften und war eine kurze Zeit als »People's Party« so erfolgreich, dass Demokraten wie Republikaner an ihr nicht vorbeikonnten. Der egalitäre Geist des Populismus brachte programmatisch die Bedürfnisse des »einfachen Volkes« gegen die schwerreichen Machteliten in Stellung und strahlte bis in den New Deal aus. Auch in Russland wirkten ab den 1860er Jahren die sozialrevolutionären Narodniki (Volkstümler) gegen die zaristische Autokratie, aber auch gegen eine kapitalistische Verwestlichung Russlands. Sie sahen die bäuerliche Dorfgemeinschaft als Keimzelle sozialistischer Gleichheit an. Diese Gründungstradition sprang über nach Lateinamerika und andere Regionen der »Dritten Welt«, wo der gegen Yankees und globales Kapital gerichtete National-Populismus eher links getönt war, bis hin zu aktuellen Regimen in Venezuela und Bolivien.

25 Ivan Krastev, ›The populist movement‹, siehe: www.eurozine.com/articles/18-krastev-eu.html [Stand 7.12.2015].

26 Manchen Autoren wie Andrew Dobson (›Democracy and Nature: Speaking and Listening‹, in: *Political Studies* 58 (2010), S. 752–768, oder ders., *Justice and the Environment: Conceptions of Environmental Sustainability and Theories of Distributive Justice*, Oxford 1998) oder Bruno Latour (*The Politics of Nature: How to Bring the Sciences into Democracy*, Cambridge, Mass. 2004) ist auch an einer dritten »constituency« gelegen – den »other species«. Die Debatte über Tierrechte kann hier nicht geführt werden, auch wenn sie gute Analogien abwirft.

27 Volker Hauff (Hrsg.), *Unsere gemeinsame Zukunft. Der Brundtland-Bericht der Weltkommission für Umwelt und Entwicklung*, Greven 1987, S. 43.

28 So nennen wir eine rhetorische und faktische Ausrichtung politischer Entscheidungen auf nähere und fernere Zukünfte, wie sie sich in Gesetzesvorhaben der »Schuldenbremse« und internationalen Abmachungen wie zur radikalen Verringerung von Treibhausgasen zeigt und in jeder Politik mit »planetarischen Leitplanken« (wie die Einhaltung der Zwei-Grad-Leitplanke zur Vermeidung gefährlichen Klimawandels).

29 Näheres bei Andrew Dobson, ›Representative Democracy and the Environment‹, in: William M. Lafferty/James Meadowcroft (Hrsg.), *Democracy and the Environment: Problems and Principles*, Cheltenham 1996, S. 124–139; Kristian Skagen Ekeli, ›Electoral Design, Submajority Rules and Representation of Future Generations‹, in: Axel Gosseries/Iñigo González Ricoy (Hrsg.), *Institutions for Future Generations*, Oxford 2015; Kristian Skagen Ekeli, ›Giving a Voice to Posterity. Deliberative Democracy and Representation of Future People‹, in: *Journal of Agricultural and Environmental Ethics* 18 (2005), S. 429–450; Dennis F. Thompson, ›Representing Future Generations: Political Presentism and Democratic Trusteeship‹, in: *Critical Review* *of International Social and Political Philosophy* 13 (2010), S. 17–37.

30 Dieser steht in der Tradition des amerikanischen Pragmatikers John Dewey, vgl. etwa Charles F. Sabel, ›Eine stille Revolution demokratischer Gouvernanz: auf dem Weg zu einem demokratischen Experimentalismus‹, in: OECD (Hrsg.), *Governance im 21. Jahrhundert,* Paris 2001, S. 145–178.

31 Jürgen Habermas, *Faktizität und Geltung – Beiträge zur Diskurstheorie des Rechts und des demokratischen Rechtsstaats,* Frankfurt a.M. 1992, S. 349 ff.

32 Siehe James S. Fishkin, *Democracy and Deliberation: New Directions for Democratic Reform,* New Haven 1991, sowie James S. Fishkin/Robert C. Luskin, ›Experimenting with a Democratic Ideal: Deliberative Polling and Public Opinion‹, in: *Acta Politica* 40 (2005), S. 284–298.

33 Carolyn J. Lukensmeyer/Steve Brigham, ›Taking Democracy to Scale: Creating a Town Hall Meeting for the Twenty-First Century‹, in: *National Civic Review* 91 (2002), S. 351–366.

34 Siehe die Wiki-Plattform participedia.net, die weltweit demokratische Innovationen zusammenträgt und bewertet.

35 Dirk Jörke, ›Die Versprechen der Demokratie und die Grenzen der Deliberation‹, in: *Zeitschrift für Politikwissenschaft* 20 (2010), S. 269–290; Vgl. schon Michael Walzer, ›Deliberation, and what else?‹, in: Stephen Macedo (Hrsg.), *Deliberative Politics. Essays on Democracy and Disagreement,* New York 1999, S. 58–69.

36 Pierre Rosanvallon, *La contre-démocratie. La politique à l'âge de la défiance,* Paris 2006.

37 Einwände gegen die »deliberative Surrogatdemokratie« bei Danny Michelsen/Franz Walter, *Unpolitische Demokratie. Zur Krise der Repräsentation,* Berlin 2013, Kap. 3, und Wolfgang Merkel, *Nur schöner Schein? Demokratische Innovationen in Theorie und Praxis,* Frankfurt a.M. 2015, S. 42 ff.

38 Michael E. Morrell, *Empathy and Democracy. Feeling, Thinking, and Deliberation,* University Park 2010; Charles Taylor, *Wieviel Gemeinschaft braucht die Demokratie? Aufsätze zur praktischen Philosophie,* Frankfurt a. M. 2001.

39 Hannah Arendt, *Was ist Politik? Fragmente aus dem Nachlass,* München 1993, S. 97.

40 Brigitte Geißel, *Kritische Bürger. Gefahr oder Ressource für die Demokratie?*, Frankfurt a.M. 2011.

41 Harald Heinrichs/Katina Kuhn/Jens Newig (Hrsg.), *Nachhaltige Gesellschaft. Welche Rolle für Partizipation und Kooperation?*, Wiesbaden 2011.

42 Helmut Klages, *Wertorientierungen im Wandel. Rückblick, Gegenwartsanalyse, Prognosen*, Frankfurt a.M./New York 1984; Paul Nolte, *Was ist Demokratie? Geschichte und Gegenwart*, München 2012, S. 348–355.

43 Ulrich von Alemann (Hrsg.), *Partizipation – Demokratisierung – Mitbestimmung. Problemstellung und Literatur in Politik, Wirtschaft, Bildung und Wissenschaft. Eine Einführung*, Opladen 1975; Carole Pateman, *Participation and Democratic Theory*, Cambridge, Mass. 1970.

44 Carsten Herzberg/Anja Röcke/Yves Sintomer, ›Von Porto Alegre nach Europa. Möglichkeiten und Grenzen des Bürgerhaushalts‹, in: Jochen Franzke/Heinz Kleger (Hrsg.), *Kommunaler Bürgerhaushalt in Theorie und Praxis am Beispiel Potsdams*, Potsdam 2006, S. 188–205; Gianpaolo Baiocchi, *Militants and Citizens: The Politics of Participatory Democracy in Porto Alegre*, Stanford 2005.

45 Archon Fung/Erik O. Wright, *Deepening Democracy. Institutional Innovations in Empowered Participatory Governance*, London 2003.

46 Yves Sintomer, *Le pouvoir au peuple. Jurys citoyens, tirage au sort et démocratie participative*, Paris 2007; Loïc Blondiaux, *Le nouvel esprit de la démocratie. Actualité de la démocratie participative*, Paris 2008.

47 »Lokale Agenda 21« sind Partizipationsverfahren, die im Rahmen einer Strategie für eine nachhaltige Entwicklung von den Vereinten Nationen 1992 anlässlich der Konferenz über Umwelt und Entwicklung in Rio initiiert wurden. 2004 hatten weltweit über 10.000 Kommunen auf freiwilliger Basis eine »Lokale Agenda 21« verabschiedet. Diese Agenden enthalten in der Regel keine verpflichtenden Maßnahmen.

48 Roland Roth, *Bürgermacht. Eine Streitschrift für mehr Partizipation*, Hamburg 2011; Norbert Kersting, ›Das Zeitalter der politischen Beteiligung. Partizipativer Wandel oder politisches Disengagement‹, in: Lothar Harles/Dirk Lange (Hrsg.), *Zeitalter der Partizipation*, Schwalbach 2015, S. 49–62; Oscar W. Gabriel/Norbert Kersting, ›Partizipation auf kommunaler Ebene. Politisches Engagement in

deutschen Kommunen: Strukturen und Wirkungen auf die politischen Einstellungen von Bürgerschaft, Politik und Verwaltung‹, in: Bertelsmann Stiftung/Staatsministerium Baden-Württemberg (Hrsg.), *Partizipation im Wandel. Unsere Demokratie zwischen Wählen, Mitmachen und Entscheiden*, Gütersloh 2014, S. 43–184; Brigitte Geißel/Norbert Kersting, *Zwischen Parteiendemokratie und partizipativen Innovationen – Beteiligungskultur in Deutschland*, eNewsletter *Wegweiser Bürgergesellschaft* 12/2014 vom 20.6.2014.

49 Ortwin Renn/Thomas Webler/Peter Wiedemann (Hrsg.), *Fairness and Competence in Citizen Participation. Evaluating Models for Environmental Discourse*, Dordrecht 1995.

50 Thesen zur Weiterentwicklung lokaler Demokratie: Deutscher Städtetag: ›Bürgerbeteiligung als Chance begreifen – lebendige lokale Demokratie fördern‹, *Pressemitteilung*, Berlin, 22.11.2013, online unter: http://www.staedtetag.de/dst/inter/presse/mitteilungen/067896/index.html [Stand 27.11.2015].

51 http://www.partizipation.at/aarhus-konvention.html [Stand 27.11.2015].

52 Harald Heinrichs, ›Herausforderung Nachhaltigkeit: Transformation durch Partizipation?‹, in: Peter H. Feindt/Jens Newig (Hrsg.), *Partizipation, Öffentlichkeitsbeteiligung, Nachhaltigkeit. Perspektiven der Politischen Ökonomie*, Marburg 2005, S. 43–64.

53 Matthew Ryan/Graham Smith, ›Defining Mini-Publics‹, in: Kimmo Grönlund/André Bächtiger/Maija Setälä (Hrsg.), *Deliberative Mini-Publics: Involving Citizens in the Democratic Process*, Colchester 2014, S. 9–26.

54 Patrizia Nanz/Miriam Fritsche, *Handbuch Bürgerbeteiligung. Akteure und Verfahren, Chancen und Grenzen*, Bonn 2012/2016.

55 Sophia Alcántara/Nicolas Bach/Rainer Kuhn/Peter Ullrich, *Demokratietheorie und Partizipationspraxis: Analyse und Anwendungspotentialer deliberativer Verfahren*, Wiesbaden 2015.

56 Oscar W. Gabriel/Norbert Kersting (wie Anm. 48).

57 Klaus Selle, ››Particitainment‹, oder: Beteiligen wir uns zu Tode?‹, in: ders., *Über Bürgerbeteiligung hinaus: Stadtteilentwicklung als Gemeinschaftsaufgabe? Analysen und Konzepte*, Detmold 2013, S. 275–308.

58 Winfried Thaa, ›Die Auseinandersetzungen um ›Stuttgart 21‹ und die Zukunft der repräsentativen Demokratie‹, in: Jörg Sommer (Hrsg.), *Kursbuch Bürgerbeteiligung*, Berlin 2015, S. 284–306.

59 Anna Geis, ›Das ›Schlichtungsverfahren‹ zu ›Stuttgart 21‹. Die neueste demokratische Errungenschaft?‹, in: Olaf Asbach et al. (Hrsg.), *Zur kritischen Theorie der politischen Gesellschaft*, Wiesbaden 2012, S. 143–164, hier S. 155.

60 Siehe dazu z. B. Michael Wilk/Bernd Sahler (Hrsg.), *Strategische Einbindung: Von Mediationen, Schlichtungen, runden Tischen … und wie Protestbewegungen manipuliert werden*, Lich 2014.

61 Jan-Hendrik Kamlage/Ina Richter/Patrizia Nanz, ›An den Grenzen der Bürgerbeteiligung: Informelle dialogorientierte Bürgerbeteiligung im Netzausbau der Energiewende‹, in: Jörg Radtke/Lars Holstenkamp (Hrsg.), *Energiewende und Partizipation. Transformationen von Gesellschaft und Technik*, Wiesbaden 2016; Pia-Johanna Schweizer/Ortwin Renn, ›Partizipation in Technikkontroversen: Panakeia für die Energiewende?‹, in: *Technikfolgenabschätzung – Theorie und Praxis* 2/2 (2013), S. 42–47.

62 Bertelsmann Stiftung/Staatsministerium Baden-Württemberg (Hrsg.) (wie Anm. 48).

63 http://www.heidelberg.de/site/Heidelberg_ROOT/get/documents_E-883021685/heidelberg/Objektdatenbank/12/PDF/12_pdf_Buergerbeteiligung_Leitlinien_Komplettfassung.pdf: Leitlinien für mitgestaltende Bürgerbeteiligung in der Stadt Heidelberg vom 25. 7. 2012, geändert am 26. 3. 2015.

64 http://www.konversion-mannheim.de/sites/default/files/weissbuch_iii.pdf: *Weißbuch Konversion und Bürgerbeteiligung in Mannheim* [Stand 7. 12. 2015].

65 Klaus Selle (wie Anm. 57).

66 »Demoenergie« ist ein Gemeinschaftsprojekt des KWI und des Institute for Advanced Sustainability Studies (IASS), gefördert vom Bundesministerium für Bildung und Forschung (BMBF). www.demoenergie.de [Stand 7. 12. 2015].

67 Jürgen Habermas (wie Anm. 31).

68 Es gibt freilich auch immer mehr Verfahren, bei denen es nicht nur um Beratung, sondern um »Co-gestaltung« oder »Co-design« geht, also wo gemeinsam gestaltet und geplant wird, z. B. die »spanische

Treppe« in Bregenz oder die Stromtrasse bei »Demoenergie«.

69 Carole Pateman, ›Participatory Democracy Revisited‹, in: *Perspectives on Politics* 10 (2012), S. 7–19.

70 Vgl. auch Charles Taylor, *Quellen des Selbst. Die Entstehung der neuzeitlichen Identität,* Frankfurt a.M. 1996. Zum Folgenden: Hannah Arendt, *Was ist Politik?* (wie Anm. 39).

71 Christian Vogel, ›Der wahre Egoist kooperiert. Ethische Probleme im Bereich von Evolutionsbiologie, Verhaltensforschung und Soziobiologie‹, in: Heinz-Dieter Ebbinghaus/Gerhard Vollmer (Hrsg.), *Denken unterwegs. Fünfzehn metawissenschaftliche Exkursionen,* Stuttgart 1992, S. 169–182.

72 Robert Axelrod, *Die Evolution der Kooperation,* 7. Aufl., München 2009.

73 Das belegen interdisziplinäre Studien zur sozialen Natur des Menschen in der Evolutionsbiologie: Martin Novak/Roger Highfield, *Kooperative Intelligenz: Das Erfolgsgeheimnis der Evolution,* München 2013; in den *behavioral economics:* Überblick bei Dirk Messner/Alejandro Guarín/Daniel Haun, ›The behavioural dimensions of international cooperation‹, in: *Global Cooperation Research Papers* (1) Duisburg 2013. Außerdem zeigen Michael Tomasellos und Daniel Hauns Versuche mit Schimpansen und Kleinkindern, dass Kooperation eine verbreitete Praxis ist, die sich im Blick auf die Maximierung von kollektivem Nutzen auch »lohnt«: Michael Tomasello, *Warum wir kooperieren,* Berlin 2010.

74 Eckart Voland, *Soziobiologie. Die Evolution von Kooperation und Konkurrenz,* Berlin/Heidelberg 2013.

75 Joachim Bauer, *Prinzip Menschlichkeit. Warum wir von Natur aus kooperieren,* Hamburg 2006.

76 Claus Leggewie, ›The concrete utopia of the gift‹, in: Dirk Messner/Silke Weinlich (Hrsg.), *Global Cooperation and the Human Factor in International Relations,* Oxford 2015, S. 181–197.

77 Mikhail Bakhtin, *Speech Genres and Other Late Essays,* Austin 1986.

78 Siehe auch Evan Thompson, *Mind in Life: Biology, Phenomenology, and the Sciences of Mind,* Cambridge, Mass. 2007.

79 Martha C. Nussbaum, *Politische Emotionen. Warum Liebe für Gerechtigkeit wichtig ist,* Berlin 2014.

80 Sharon R. Krause, *Civil Passions. Moral Sentiment and Democratic Deliberation*, Princeton 2008.

81 Charles Taylor, *Das Unbehagen an der Moderne*, Frankfurt a. M. 1995.

82 Jane J. Mansbridge, *Beyond Adversary Democracy*, Chicago/London 1983, S. 27.

83 Elinor Ostrom, *Was mehr wird, wenn wir teilen. Vom gesellschaftlichen Wert der Gemeingüter*, München 2011.

84 Richard Sennett, *Zusammenarbeit. Was unsere Gesellschaft zusammenhält*, Berlin 2012, S. 30.

85 Hannah Arendt, ›Wahrheit und Politik‹, in: Hannah Arendt/Patrizia Nanz, *Wahrheit und Politik*, Berlin 2006, S. 7–62.

86 Fritz Breithaupt, *Kulturen der Empathie*, Frankfurt a. M. 2009, und neuerdings Leslie Jamison, *Die Empathie-Tests. Über Einfühlung und das Leiden anderer*, Berlin 2015. Vgl. ferner James Tully, *Citizenship for the Love of the World*, Ithaca 2013; Evan Thompson (wie Anm. 78).

87 Martin Endreß, *Vertrauen*, Bielefeld 2015.

88 Richard Sennett (wie Anm. 84).

89 In unserem Sinne ist »Kooperation« gleichbedeutend mit dem ethischen Leitprinzip »Kollaboration« (Mark Terkessidis, *Kollaboration*, Berlin 2015), da sie im Prozess die beteiligten Partner verändern.

90 Charles Taylor, *Wieviel Gemeinschaft braucht die Demokratie?* (wie Anm. 38); Alison Gopnik, *The Philosophical Baby: What Children's Minds Tell Us about Truth, Love, and the Meaning of Life*, New York 2009.

91 Scott Barrett, *Why Cooperate? The Incentive to Supply Global Public Goods*, Oxford 2010.

92 Wissenschaftlicher Beirat der Bundesregierung Globale Umweltveränderungen – WBGU, *Welt im Wandel: Gesellschaftsvertrag für eine Große Transformation*, Berlin 2011.

93 Andreas Scherbel, ›Die Begründung von Generationengerechtigkeit im Schöpfungsglauben der monotheistischen Offenbarungsreligionen‹, in: Stiftung für die Rechte zukünftiger Generationen (Hrsg.), *Handbuch Generationengerechtigkeit*, München 2003, S. 175–197, Zitat S. 178.

94 http://empoweringpublicwisdom.us/the-manifesto/: The Manifesto – *A call to establish a legitimate, wise, powerful, collective voice of the people* [Stand 7.12.2015].

95 Thomas Haderlapp/Rita Trattnig, *Zukunftsfähigkeit ist eine Frage der Kultur. Hemmnisse, Widersprüche und Gelingensfaktoren des kulturellen Wandels*, München 2013, S. 591.

96 Charles Taylor, *Wieviel Gemeinschaft braucht die Demokratie?* (wie Anm. 38).

97 http://www.partizipation.at/dynamic_facilitation.html pdf [Stand 7.12.2015].

98 Am Kulturwissenschaftlichen Institut in Essen (KWI), das Grundlagen kulturellen Wandels erforscht, dabei aber nah an der gesellschaftlichen Praxis und anwendungsorientiert arbeitet, sind seit 2008 in den Forschungsbereichen »Klimakultur« und »Partizipationskultur« zahlreiche, vor allem von der Stiftung Mercator und dem Bundesministerium für Bildung und Forschung (BMBF) geförderte Forschungsprojekte konzipiert und durchgeführt worden. Ebenso hat das European Institute for Public Participation (EIPP) seit 2009 kontinuierlich Beteiligungsprozesse begleitet und evaluiert.

99 Der Begriff »Zukunftsverträglichkeit« entstammt der ökologischen Nachhaltigkeitsdebatte, in der die meisten unserer Beispiele und Evidenzen in diesem Buch verortet sind. Das soll nicht bedeuten, dass Zukunftsräte keine anderen Zukunftsthemen behandeln können, etwa Bildungsziele, Konsequenzen demografischen Wandels, Digitalisierung und dergleichen.

100 https://de-de.facebook.com/WinfriedKretschmann/posts/181998268554407 [Stand 7.12.2015].

101 http://www.un.org/sustainabledevelopment/sustainable-development-goals/ [Stand 7.12.2015], dazu jetzt ein Working Paper des Institute for Advanced Sustainability Studies (IASS): Manuel Rivera, *Wie viel Entpolitisierung vertragen die SDG's*, Potsdam Dezember 2015.

102 Elinor Ostrom (wie Anm. 83); Silke Helfrich/David Bollier (Hrsg.), *Die Welt der Commons. Muster gemeinsamen Handelns*, Bielefeld 2015.

103 Diese sind nicht mit dem hier vorgestellten Zukunftsrat zu verwechseln, auch wenn es thematische und prozedurale Übereinstimmungen geben mag, vgl. Patrizia Nanz/Miriam Fritsche (wie Anm. 54).

104 www.icruhr.de [Stand 7.12.2015].

105 Das mit dem Deutschen Nachhaltigkeitspreis ausgezeichnete Projekt, ein industriell geprägtes Stadtquartier umfassend energetisch zu sanieren und einen klimagerechten Stadtumbau bei gleichzeitiger Sicherung des Industriestandorts zu erreichen, ist ebenfalls unter www.icruhr.de nachzuvollziehen [Stand 7. 12. 2015].

106 https://www.vorarlberg.at/vorarlberg/umwelt_zukunft/zukunft/buerofuerzukunftsfragen/neuigkeiten_ohnebild_/buergerbeteiligung/buergerinnen-raeteinvorar/derbuergerrat.html [Stand 7. 12. 2015].

107 76 Prozent der Deutschen wünschen sich Umfragen zufolge mehr Mitsprachemöglichkeiten. 73 Prozent der Bevölkerung würden bei Bürgerforen mitmachen (Bertelsmann Stiftung, 2014). Online-Beteiligung wird dabei übrigens überwiegend negativ beurteilt.

108 Dazu die wichtige Klarstellung bei Adalbert Evers, ›Engagement und Beteiligung‹, in: Frank Adloff/Volker Heins (Hrsg.), *Konvivialismus. Eine Debatte*, Bielefeld 2015, S. 85–98, und das Themenheft »Engagement« von *Aus Politik und Zeitgeschichte* 65 (2015).

109 Vgl. das an der Hertie School angesiedelte Projekt »Aktuelle Debatten und Entwicklungen im Nonprofit-Sektor«.

110 Den Hinweis verdanken wir Nadine Müller, Referentin im Bereich »Gute Arbeit« bei der Gewerkschaft ver.di.

111 Stéphane Hessel, *Empört euch!*, Berlin 2011.

112 Albert O. Hirschman, *Engagement und Enttäuschung. Über das Schwanken der Bürger zwischen Privatwohl und Gemeinwohl*, Frankfurt a. M. 1984.

113 Dazu etwa Rolf G. Heinze, *Die Berliner Räterepublik. Viel Rat – Wenig Tat?*, Wiesbaden 2002.

114 Hans J. Lietzmann/Alexandra Ehlers/Bettina Ülpenich, *Bürgerbeteiligung in den Kommunen: die »neue Gewaltenteilung« in der lokalen Politik*, Gutachten der Forschungsstelle»Bürgerbeteiligung« im Auftrag der GAR NRW, Düsseldorf 2013.

115 Etwa Manfred Sader, *Psychologie der Gruppe*, 9. Aufl., Weinheim/München 2008, S. 62 ff. Das Verfahren der »dynamic facilitation« empfiehlt 8 bis 20 Teilnehmende: http://www.partizipation.at/dynamic_facilitation_en.html [Stand 7. 12. 2015].

116 Dazu Hubertus Buchstein, ›Lostrommel und Wahlurne – Losverfahren in der parlamentarischen Demokratie‹, in: *Zeitschrift für Parlamentsfragen* 4/2 (2013), S. 384–404; ders., ›Wählen, Losen und politische Gerechtigkeit – Plädoyer für einen demokratisch-deliberativen pouvoir neutre‹, in: *Zeitschrift für Politikwissenschaft* 22/3 (2012), S. 397–407, und ders. ›Die Legitimitätspolitik der Aleatorischen Demokratietheorie‹, in: Anna Geis/Frank Nullmeier/Christopher Daase (Hrsg.), *Der Aufstieg der Legitimitätspolitik. Rechtfertigung und Kritik politisch-ökonomischer Ordnungen*, Baden-Baden 2012, S. 359–376.

117 Dazu etwa Joachim Behnke/Nina Baur/Nathalie Behnke, *Empirische Methoden der Politikwissenschaft*, Paderborn 2006.

118 Die jüngste Shell-Studie zum politischen Bewusstsein von Jugendlichen von 2015 zeigt, dass dieses breit vorhanden ist und früh einsetzt, aber häufig nicht die geeignete Mobilisierung erfährt. Oft setzt man hier voreilig auf »soziale Medien« als Kompensationsformen: Shell Deutschland (Hrsg.), *Jugend 2015. 17. Shell Jugendstudie*, Frankfurt a. M. 2015.

119 Robert A. Dahl, *Democracy and Its Critics*, New Haven 1989.

120 Nicht als »acting for« aber als »standing for« im Sinne von Hanna Fenichel Pitkin, *The Concept of Representation*, Berkeley 1967.

121 Hans J. Lietzmann, ›Die Kontingenz der Repräsentation: Bürgerbeteiligung‹, in: Olaf Asbach/Rieke Schäfer/Veith Selk/Alexander Weiß (Hrsg.), *Zur kritischen Theorie der politischen Gesellschaft*, Wiesbaden 2012, S. 165–188.

122 Siehe im Detail: http://eswf.uni-koeln.de/lehre/0203/ws0203/V61.html [Stand 7.12.2015].

123 Bei den schon gut etablierten Bürgerräten in Vorarlberg liegt die Quote der Rückläufe auf die Einladungen zu den landesweiten Bürgerräten zum Beispiel bei 4 Prozent.

124 Robert Michels, *Zur Soziologie des Parteiwesens in der modernen Demokratie. Untersuchungen über die oligarchischen Tendenzen des Gruppenlebens*, Leipzig 1911.

125 Vgl. dazu Helmut Dubiel, ›Integration durch Konflikt?‹, in: *Kölner Zeitschrift für Soziologie und Sozialpsychologie* 39 (1999), S. 132–143.

126 Ein Beispiel sind die Fortbildungen der Führungsakademie Baden-Württemberg, online unter https://fueak.bw21.de/Seiten/default.aspx [Stand 30.11.2015].

127 http://www.uni-stuttgart.de/planupart [Stand 7.12.2015].

128 Christina Baldwin/Ann Linnea, *The Circle Way: A Leader in Every Chair*, San Francisco 2010.

129 Wie zum Beispiel »dynamic facilitation«: http://www.partizipation.at/dynamic_facilitation.html [Stand 7. 12. 2015].

130 www.zukunftsorte.at [Stand 7. 12. 2015].

131 Im Bezug auf die 25 Jahre alt gewordene UN-Kinderrechtskonvention führte die Politikerin diesen Vorschlag mehrfach aus, z. B. in *Die Welt* am 21. 11. 2014.

132 Achim Goerres/Guido Tiemann, ›Kinder an die Macht? Die politischen Konsequenzen des stellvertretenden Elternwahlrechts‹, in: *Politische Vierteljahresschrift* 50 (2009), S. 50–74.

133 Deutscher Bundestag, ›Entwurf eines Gesetzes zur Änderung des Grundgesetzes zur Verankerung der Generationengerechtigkeit (Generationengerechtigkeitsgesetz)‹, Drucksache 16/3399, 9. 11. 2006, online unter: http://dip21.bundestag.de/dip21/btd/16/033/1603399.pdf [Stand 30. 11. 2015].

134 Andrew Dobson, *Listening for Democracy. Recognition, Representation, Reconciliation*, Oxford 2014.

135 In diese Richtung forscht das Hamburger Graduiertenkolleg »Performing Citizenship«, dem wir sehr dankbar für Hinweise sind.

136 John R. Parkinson, *Democracy and Public Space. The Physical Sites of Democratic Performance*, Oxford 2012.

137 In einer Mail von Ortwin Renn an die Autoren vom 28. November 2015.

138 Zum Beispiel in einem Mehr-Generationen-Dialog im Rahmen der Privatinitiative »InnovationCity Ruhr« im Jahr 2010, im Zukunftsrat Ruhr im Rahmen der Ruhrtriennale 2015(weiterzuführen bis 2017) und im Bürgerdialog Ruhr im September und November 2015 im Rahmen des Forschungsverbundprojektes »Energiewende Ruhr« (http://energiewende-ruhr.de); Mechthild Baumann/Sandra Felten/Eckart D. Stratenschulte, *Empirische Auswertung der Europäischen Bürgerforen 2008/2009*, Berlin 2009, online unter: http://www.buergerforen.de/fileadmin/medias-buergerforen/presse/Finale_Auswertung.pdf [Stand: 30. 11. 2015].

139 Rüdiger Goldschmidt/Ortwin Renn/Sonja Köppel, *European Citizens' Consultations. Final evaluation report*, Stuttgart 2008, http://

elib.uni-stuttgart.de/opus/volltexte/2008/3489/pdf/AB008_Goldschmidt_Renn_Koeppel.pdf [Stand 7.12.2015].

140 Raphaël Kies/Patrizia Nanz (Hrsg.), *Is Europe Listening to Us? Successes and Failures of EU Citizen Consultations*, Farnham 2013.

141 Mundo Yang, ›Europe's New Communication Policy and the Introduction of Transnational Deliberative Citizens' Involvement Projects‹, in: Raphaël Kies/Patrizia Nanz (wie Anm. 140); Dawid Friedrich, ›Democratic Representation in Transnational Citizens' Forums?‹, in: Sandra Kröger (Hrsg.), *Political representation in the European Union – Still Democratic in Times of Crisis?*, New York 2014, S. 161–177.

142 Graham Smith, ›Designing Democratic Innovations at the European Level: Lessons from the Experiments‹, in: Raphaël Kies/Patrizia Nanz (wie Anm. 140), S. 201–216.

143 Europäische Kommission, *Governance in the European Union: A White Paper*, Brüssel 2001. Das Weißbuch spricht explizit vom deliberativen Charakter europäischer Entscheidungsfindungsprozesse und davon, dass die Legitimation der EU von der »Einbeziehung und Partizipation« abhängt, Initiativen, die bislang nur in Ansätzen umgesetzt worden sind. Siehe auch Vertrag von Lissabon, Art. 11.

144 Jan-Hendrik Kamlage/Patrizia Nanz, ›Krise und Partizipation in der Europäischen Union. Für eine neue Politik der Bürgerbeteiligung am Beispiel der Energiepolitik‹, in: Winfried Brömmel/Helmut König/Manfred Sicking (Hrsg.), *Europa, wie weiter? Perspektiven eines Projekts in der Krise*, Bielefeld 2015, S. 153–176.

145 Näheres unter http://www.weyarn.de/aktiv.htm und http://www.weyarn.de/Download/BB-KommentierteKurzfassung2012.pdf [Stand 7.12.2015].

146 Interview mit der Leiterin der Koordinationsstelle, Katja Klee, am 3.12.2015.

Danksagung

Die Anlage dieses Textes ist entstanden in der intellektuell anregenden und praxisnahen Atmosphäre am Kulturwissenschaftlichen Institut im Forschungsbereich »Partizipationskultur«. Mathis Danelzik, Giulia Molinengo und Lea Schmitt haben uns zu einer aus ihrer reichen Felderfahrung abgeleiteten Konkretisierung bewegt und viele Ratschläge gegeben. Wichtige Anregungen kamen von Teresa Bartolomei Vasconcelos, Frederic Hanusch, Jan-Hendrik Kamlage, Henrike Knappe, Anne Kroh, Louise Röska-Hardy und Charles Taylor. Für ausführliche Kommentare und konstruktive Kritik bedanken wir uns bei Manfred Hellrigl, Christoph Möllers, Philippe Narval, Daniel Oppold und Ina Richter. Der Bundesverfassungsrichter Brun-Otto Bryde, Bundestagspräsident Norbert Lammert und der ehemalige Bundesminister und Gründungsdirektor des Institute for Advanced Sustainability Studies (IASS) Klaus Töpfer haben erste Entwürfe ebenso kritisch kommentiert wie unsere Kollegen Petra Dobner, Hans J. Lietzmann und Ortwin Renn und dabei aus Sicht der drei Gewalten rechtzeitig gewichtige demokratiepolitisch und partizipationstheoretisch begründete Einwände vorgebracht. Bei der Literatursuche hat uns Nora Schecke unterstützt. Für das kritische Lektorat und die Betreuung dieses Buchs danken wir herzlich dem Verlag Klaus Wagenbach, besonders Susanne Schüssler und Lena Luczak. Alle verbliebenen Fehler und Eigensinnigkeiten gehen allein auf unser Konto.

Patrizia Nanz, seit 2002 Professorin für Politikwissenschaft an der Universität Bremen, ist Gründerin des European Institute for Public Participation (EIPP), das Unternehmen, Behörden und Regierungen in verschiedenen europäischen Ländern berät. Seit April 2013 leitete sie den Forschungsschwerpunkt »Partizipationskultur« am Kulturwissenschaftlichen Institut Essen (KWI). Ab 2016 ist sie wissenschaftliche Direktorin des Institute for Advanced Sustainability Studies (IASS) und Professorin für transformative Nachhaltigkeitswissenschaft an der Universität Potsdam.

Claus Leggewie ist Ludwig-Börne-Professor an der Justus-Liebig-Universität Gießen und seit 2007 Direktor des Kulturwissenschaftlichen Instituts (KWI) in Essen sowie des Centre for Global Cooperation Research in Duisburg. Er hatte Gastprofessuren an der Universität Paris-Nanterre und der New York University inne und war Fellow am Wissenschaftskolleg zu Berlin. Seit 2008 arbeitet er im Wissenschaftlichen Beirat der Bundesregierung »Globale Umweltveränderungen«.

Politik bei Wagenbach – eine Auswahl

Wolfgang Kaleck / Miriam Saage-Maaß Unternehmen vor Gericht

Globale Kämpfe für Menschenrechte

Arbeiterinnen in Bangladesch, Gewerkschafter in Kolumbien und die Landbevölkerung im Sudan nehmen die Verbrechen übermächtiger Wirtschaftsgiganten nicht mehr länger hin. Unterstützt werden sie von zwei Menschenrechtsanwälten: Sie reisen zu den Betroffenen, sie ziehen vor Gericht, sie sind im Recht.

Originalausgabe. WAT 748. 128 Seiten

Petra Dobner Bald Phoenix – bald Asche

Ambivalenzen des Staates

Schuld an allem Unglück oder letzter Retter in der Not? Unsere Erwartungen an den Staat sind hoch, oft voller Widersprüche und unrealistisch. Ein Plädoyer für einen positiv kritischen Umgang mit dem Staat.

Originalausgabe. WAT 623. 96 Seiten

Christoph Möllers Demokratie – Zumutung und Versprechen

Warum leben wir in einer Demokratie? Aus guten Gründen oder aus schlechter Gewohnheit? Warum sind wir von demokratischer Politik so oft enttäuscht? Weil sie versagt oder weil wir uns keine Rechenschaft darüber ablegen, was wir von ihr erwarten können?

Originalausgabe. WAT 580. 128 Seiten

Barbara Muraca Gut leben

Eine Gesellschaft jenseits des Wachstums

Das Mantra, dass die Wirtschaft immer weiter wachsen muss, formt unsere heutige Welt – auf Kosten von Lebensqualität, unter Ausbeutung der Natur und im immer schärferen Wettbewerb. Dass es so nicht weitergehen kann, wird überdeutlich. Kritiker des Wachstumskurses gibt es viele, aber nicht allen sollte man folgen …

Originalausgabe. WAT 730. 96 Seiten

Jonathan Crary 24/7

Schlaflos im Spätkapitalismus

»In der Zeit des Schlafens können wir von einer besseren Zukunft träumen. Crary sieht hier das Potential für Widerstand gegen die Zwänge des gegenwärtigen Kapitalismus und für eine Rettung der Menschheit vor ihrer eigenen Zerstörung.« Michael Hardt

Aus dem Englischen von Thomas Laugstien
Deutsche Erstausgabe. Gebunden mit Schutzumschlag. 112 Seiten

James Smith Biotreibstoff

Eine Idee wird zum Bumerang

Eine Welt, angetrieben durch Bioenergie: wie grün, wie sauber, wie nachhaltig und friedlich? Der Traum ist ausgeträumt. Nüchtern zeigt Smith die dramatischen Folgen des Anbaus und Vertriebs von Biokraftstoffen.

Aus dem Englischen von Hans-Gerd Koch
Deutsche Erstausgabe. Gebunden. 144 Seiten

Hacı-Halil Uslucan Dabei und doch nicht mittendrin

Die Integration türkeistämmiger Zuwanderer

Hacı-Halil Uslucan lässt den aufgeblasenen Polemikern und gefährlichen Populisten die Luft ab: Wo liegen die Chancen für unsere Gesellschaft, wenn sie die türkischen Zuwanderer integriert?

Originalausgabe. Gebunden. 112 Seiten

Nilüfer Göle Anverwandlungen

Der Islam in Europa zwischen Kopftuchverbot und Extremismus

Gibt es zwangsläufig Konflikt zwischen den Religionen? Ist der Westen wirklich in der Moderne und der Islam in Glauben und Tradition verankert? Oder können Glaube und Moderne im Islam neu zusammenfinden, jenseits von Fundamentalismus und Terrorismus?

Aus dem Französischen von Ursel Schäfer
Deutsche Erstausgabe. WAT 598. 160 Seiten

Politik bei Wagenbach – eine Auswahl

Tillmann Löhr Schutz statt Abwehr

Für ein Europa des Asyls

Die täglichen Flüchtlingsdramen spielen sich mittlerweile nicht mehr nur weit vor den Außengrenzen der Europäischen Union ab. Tillmann Löhr erklärt, wie eine Verbesserung der humanitären Lage schon in wenigen Schritten erreicht werden kann.

Originalausgabe. WAT 628. 96 Seiten

Sibylle Thelen Die Armenierfrage in der Türkei

Die Vergangenheit kehrt zurück. Die armenische Frage steht im Zentrum der Identitätssuche einer demokratischpluralistischen Türkei: Was geschah 1915? Die notwendige »Umsiedlung« einer Bevölkerungsgruppe oder gezielte Massentötung und vertreibung? Beharrlich erkundet eine neue türkische Zivilgesellschaft ihre verdrängte und vergessene Geschichte.

Originalausgabe. WAT 629. 96 Seiten

Andreas Fischer-Lescano / Kolja Möller
Der Kampf um globale soziale Rechte

Zart wäre das Gröbste

Die Weltgesellschaft ist in der Krise. Politik und Wirtschaft sind orientierungslos. Umso klarer artikulieren sich Gegenstimmen. An verschiedenen Orten vereinen sich Menschen zum Protest und für ein gemeinsames Ziel: die Utopie sozialer Gerechtigkeit.

Originalausgabe. Gebunden. 96 Seiten